奏 响 色 彩

〔日〕志村福美 著　〔日〕井上隆雄 摄

张逸雯 译

上海人民出版社

中 译 序

本书初版发行于1986年，后于1998年再版推出文库本。[1]
本书的后记《是工作在工作》一文系志村福美为文库版所撰，
彼时她七十四岁。

提示出时间之隔，是因我在翻译过程中，确乎感受到了
志村先生心境的微妙不同。

这本三万字的集子，情文兼至，言短意长，里面的每篇
文章我都反复咀嚼过。我想，志村先生的文章萃出于一般的
工艺随笔，除了良好的学养、细腻的感受力和手艺人特有的
诚恳，也因其调子和精神有着哲学的底色，和信仰的烛照力
量。她对手艺的体悟深切而沉郁，琐琐道来，却仿佛清荫流
泉；她对自然所怀的敬意，亦灼然可见。

而读（译）到后记《是工作在工作》一文，我禁不住落

---

1 初版题为"色と糸と織と"，岩波書店，1986年；文库版题为"色を奏でる"，筑摩書房，
1998年。

下好些泪。她写得那样深情！在生命暮年所特有的秋天般的精神状态下，她把对过往的一份倦怠和反省，融入对恩师柳宗悦所抱持的工艺理想的追忆与感怀中，让人动容。

志村福美三十二岁时踏上染织的道路，引路人正是民艺运动的先驱柳宗悦。然而讽刺的是，当她倾尽全力，在民艺精神的指引下织出人生第一件和服，并一鸣惊人地在传统工艺展上获奖时，柳宗悦却因此将她逐出了"民艺"的大门。[1]

面对这一记晴天霹雳，志村没有被击垮。她既无退路，也再没什么可失去的了，命运逼她向前。第二年、第三年，她连续三年夺奖，让所有人记住了这颗新星的名字。柳宗悦也终于意识到自己犯了一个错误，主动写信道贺，期待一睹她的近作。半年后，柳宗悦仙逝。

事实上，柳宗悦之外，细数志村福美一生所遇的前辈师

---

[1] 1958年，志村福美以"槛褛织"为灵感创作的人生第一件和服作品《秋霞》，获得日本传统工艺展奖励赏。得奖后，柳宗悦认为她已非"无名"匠人而跃身成为了"个人作家"，宣告将她"除名"于民艺团体。典出《サヨナラ、民芸。こんにちは、民藝。》（里文出版，2011年）一书中志村福美的访谈。

长，每个名字都是一个塔尖：河井宽次郎、黑田辰秋、富本宪吉、芹泽銈介、白洲正子……这串名单很长，柳宗悦并非其中与志村交流最多的一位，但他的影响，无疑贯穿了志村福美的整个染织生涯。道路之初，正是柳宗悦教给她此中最玄妙的道理：染织，是领受植物的生命。[1]如今已入耄耋之年的志村先生，每天依然坚持手抄柳宗悦的"心偈"[2]，仿佛写经，也是念诵保持。

　　五十八岁那年，志村福美遇到了一本对她至为重要的著作——歌德的《色彩论》。她感到"仿佛一个千年的谜题被瞬间解开，引领我抵达辽远之境"。这个"千年谜题"，正是她在植物染，尤其是蓝染中隐约触摸到的自然面相，也是两百年前歌德倾尽半生所要证明的东西。"色彩是光的业绩。是业绩，也是苦难。"如果说柳宗悦带给志村福美的是对染织的信仰心，那么歌德教给她的则是另一维，即科学的理论基础。乍看似一条直线的两端，在志村身上却不可思议地完聚而凝

---

1 典出日本杂志《家庭画报》2012 年 7 月号，志村福美与哲学家梅原猛的对谈。
2 柳宗悦晚年在病床上所创作的短句，披露自己的心境。

一了——她以自身的躬行，与东西方的两位思想巨人抵达了同一个真理：真正的美，必然与苦难共存。

这样的深刻经验召唤深刻的共情能力。正如歌德所言："与对象物重合之时，会产生能称之为'真正理论'的细腻体验。"他接下去又补充："然而，这种精神能力的高扬，只能出现在拥有高度教养水准的时代。"而这也是志村福美在日本古典文学中获得的体悟。

古典文学，是"志村福美"这一身份下又一个不可忽视的关键词。在她庞大的阅读量里，《万叶集》《古事记》《古今和歌集》《源氏物语》这些日本平安时代的古典文学中所描绘的纷繁色彩，引出一片精神的乡愁，让她归根。那是比歌德的色彩理论更悠远深邃的世界。

这也使她的织物区别于其他染织家的作品：它们取之于自然的色彩，却同时承载了浓厚的人文思想，每一次"投梭引纬"皆为深思熟虑的结果，色彩被赋予超出色彩的意图。从这个意义上而言，志村福美是织机上的思想家。

是思想家，也是演奏家。正如书名"奏响色彩"所形容的，志村福美是在弹奏色彩的音律，她将色彩所能发出的各种美妙音色全部释放了出来，达到"杂于一"的境界。

她在《裂笥拾遗》一篇中提到的那些珍爱的小裂，我有幸近距离一睹它们的真容。端详这些小裂，让我有种难言的感动，借用一位西方学者对古尔德的巴赫之于他的意义所做的描述，志村福美的色彩，也已构成了我"信仰和想象力的一部分"。复想起丢勒有一句："谁能从自然里取出艺术，谁就拥有艺术。"通过染织家的手，光的语言被翻译成切实可感的色彩。志村福美把自己做成了中介，使我们能有投向自然内部的惊鸿一瞥。

最后是关于翻译。

翻译理念上，我认同余光中先生所言，"好的译文给译文读者的感觉，应该像原文给原文读者的感觉"，这也是我下笔时努力靠近的标准。但尽力与能力毕竟是两回事，尽善尽美怕只能是奢望，唯愿读者海涵。具体到一些专有术语和名词的译法，有两处较为特殊，虽在志村先生已出版的中译著作《一色一生》中已有注释说明，但此处仍要赘述几句。

一是"绸(chóu)"字。日本的"绸织",指的是将手工捻成的粗而多节的丝线以经纬纱交替织就的丝织物或其手法,故往往可对应于我们的"捻线绸"。在日本,绸织作为最普通的一种织物,古来多见于农家庶民,而绸织恰好也是志村先生最核心的织作技法,她提升了这一质朴手法的艺术高度,并由此被评为绸织工艺的重要无形文化遗产保持者,也即"人间国宝"。因此本书保留了"绸"的说法。

　　另一处保留,是"裂"。日文里的"裂",即是没能成为衣服的布片。但如志村先生在《裂笥拾遗》一文所展现的,她对"裂"怀有特殊的感情,不能简单以"布片"对应。每一块裂都是一段记忆的碎片。如此,对记忆的打捞,也成为一种创造。基于这些理由,也保留了"裂"的说法而不做意译。

　　还要特别感谢两个人。一位是因出版志村福美的著作而结缘的朋友南乔。她曾去志村开办的学校体验过织作,如今在国内从事织物相关的教学。编译中遇到与纺织相关的问题,她给了我细心的提示。另一位是我非常敬佩的同行,钱稻孙译《万叶集精选》的辑注者曾维德。与他交流,每每让我惶愧于自己读书太少，才疏学薄。本书仅有的两首和歌，皆移用了他的翻译。涉及《源氏物语》的内容，也蒙他为我做了浅白的解释。在此深致谢忱。

　　志村先生有次在与诗人宇佐见英治对话时提到，如果生是与死的抗争，那么工作便是与生命的格斗。今年她九十七岁了，想到那双苍老发皱的手，或许仍握着笔和梭，不禁感到译事虽小，却与有荣焉。

张逸雯

2021 年春，上海

目 录

1　草木的生命

6　领受色彩

7　樱之气韵

12　树干之滴露

14　野草的音色

17　伊吹的青茅

24　栀子之黄

26　蓝的一生

30　关于绿

40　织机的道理

44　色彩的旋律

48　珍珠母色的光辉

50 蚕，天虫

51 生丝

56 素之美

60 关于媒染

62 光之旅

66 灰色的世界

70 裂筥拾遗

73 湖北残雪

80 路标

84 雪──奥羽──镇魂之色

89 藤原之樱

95 "运、根、钝"

102 绅与絣

108 四十八茶百鼠

110 繧繝晕染

113 紫之缘

117 祇园之色

119 三段围裙

120 和服与腰带

125 小物之美

127 和服的未来

130 与苏芳共处的半生

135 后记

　　是工作在工作

141 寄语

　　与自然的交感

草木的生命

"草木与人相类，皆为自然所创生物。成为染料的草木，为人类献出生命，化为色彩，守护人类免于恶灵的威胁。因此要待之以爱怜之心、报谢之情，以及对木灵的祈福之愿，一心于染业。"此段摘自古代染师间流传的语录《染色要诀》中的一篇（前田雨城著《日本古代的色彩与染》）。

古人会将寄居着强大木灵的草木作为药草用以染色，并将染成的衣服裹在身上，护佑自身免于恶灵的伤害。首先要焚火诚谨、选土优良、善用金属，再加之以天然的活水，方能染出蕴蓄生命的美丽色彩。换言之，上好的染色，只在金木水火土这五行之内，色彩的生命源自天地之本源。

在如此信念和祈愿下进行的染色，一直延续到何时？如今的我们，连木灵一词，恐怕都难以由衷地宣之于口了。

人类对自然的破坏无休无止，自然却报之以无量的恩泽。面对人类的肆意妄为，自然沉默不语。尽管在世人眼里，木灵已沦为名存实亡的虚影，草木的精魂却一直蕴于有生命的色彩中，随时准备为人类献出自己。

如今，五行之源接连遭到污染，渐趋枯竭。我们究竟能否将古代染师的心愿继续守护下去？

在我走上染织之路的漫长岁月里，从自然界领受的草木色彩无穷无尽，馈赠之丰，几乎令我贫狭的盛器难以尽纳。我像一个得到画笔的孩子，欢悦地将草木染成的丝线织成布帛。

一开始，我亦不存对木灵祈福之念，但渐渐领受这无垠色彩，我开始思审它们从何而来；开始意识到，它们并非单纯的颜色，其背后有一方更为辽远的天地。

我曾有过一场奇妙的体验。就好像落进一个小小洞穴，我掉进了草木背后的世界。

那里的门扉微启，透过门缝，能窥得一片深茂的森林，在秋日金子般的光照和微风的抚触下熠熠生辉。渐红的叶片，每一片都经过精心润染，林子被神样的光芒笼罩。虽不见其真身，却能感受到草木的精魂就生息在其中。我被一种法悦之喜击中，仿佛人与草木已物我两忘，融为一体。

那以后，我再未见过那片森林，但当时的印象鲜明如许，至今镌刻于心。在我内心明澈而感知到草木的低语时，会油然而生虔敬之情，渴望护佑那草木的生命。

「深草野」

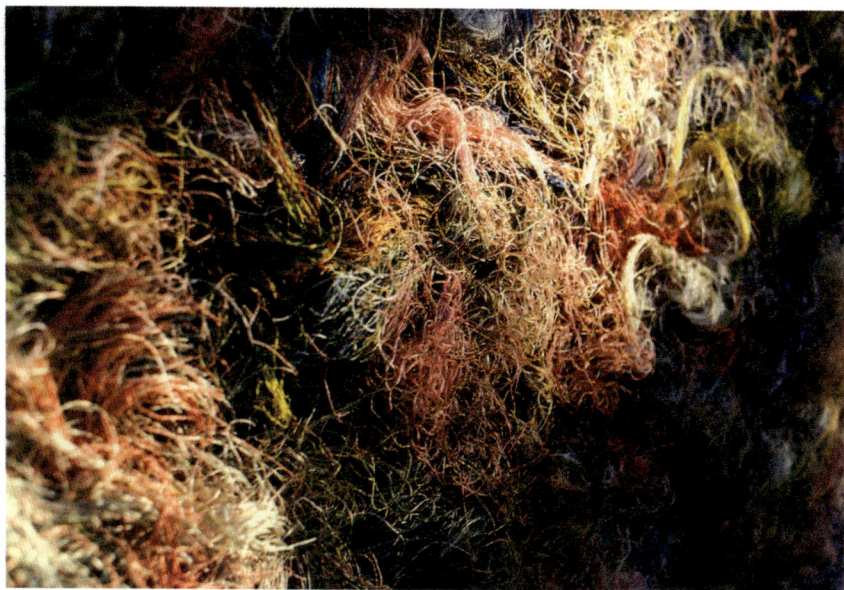

线
屑

领 受 色 彩

曾有人为染出想要的色彩，照搬书中指示，把两种草木合成染液，结果却不尽如人意。

我以为，这颠倒了顺序。人应领受草木本身怀抱的色彩，而不是反过来。至于会染成什么颜色，则听任自然为好。我们真正须倾注心力的，是在领受之时，不去损伤草木的本色。

尚被寒雪覆盖的树木，已为孕育新芽做好了准备，静待春来。那枝干中蕴蓄的色彩被我牢牢接住，织进布帛中。省掉这一过程，是对自然的冒犯。含苞的春梅，取其枝干便是领受待放之花的生命。那梅所怀抱的色彩，既是千万梅花中一枝的颜色，也是它的宣言。

我们渴望将那色彩呈现出来，渴望聆听它的主张。同时，我们无法将它与别的色彩混合。梅和樱无法融合出新的颜色，那是对这两种植物的冒犯。植物染的颜色并非单纯的色彩。

化学染料则恰好相反。颜色通过混合，自成新的一色。单一的色彩反而感受不到底蕴。化学染料可以脱色，植物染料则做不到这一点。这便是以自然为主还是以人主导的差别。

樱之气韵

尚在粉雪漫舞的季节，我行至小仓山的山麓，偶遇一位正在砍樱树的老人，遂向老人求得一些砍下的樱树枝，回去便煮来染色。染出的樱色极美，透着樱花清幽的气韵，漫溢于整个染坊，沁人心脾。那是我第一次真切体悟到，色彩是有气韵的。当然，我指的并非嗅觉感受。人的五感相连，而美的要素中，存在着与五感微妙共鸣的部分。

此后，我殷殷期盼有朝一日能再染出这样的樱色。但就像俗语所言："斫樱者愚也，不斫梅者亦然。"[1] 我始终未再遇到砍樱树的人。某个九月的台风天，我被告知近江附近要伐樱树，辄兴冲冲赶去收。然遗憾的是，那次染出的色彩并无气韵。虽然发色依然是接近米色的浅粉，却没有光泽。我思究其中原因，意识到植物亦有周期，而在迎春的寒雪之季，樱树的整个枝干都为花期做着准备，能量便充盈全身。

想到自己在花开之前便领受了其色彩，更感慨于那正是樱树的精魂。自此，我开始留意收采花期前的枝干，发现梅

---

1 意在表达处理樱枝与梅枝的差别。樱花的枝干经修剪后，断口容易腐烂；梅花则枝叶枯败的速度快，积极修剪才有助于新枝生长。——译注（本书注释均为译注）

和青茅亦然，含苞待放、抽穗开花前得到的色彩，孕育着精气。想来，这也是理所当然。就像织女在织绸时，会用唾液浸润绸线，而少女和老妇所赋予丝线的光泽，自然是不同的。这何尝不是一种生命的姿态。

某次我与诗人大冈信[1]聊起这一话题，大冈先生马上以诗人丰富的感受力领解，并将之衍成一篇《语言与力量》的文章。他写道："所谓美好、正确的语言，并不在于表面的文言辞藻，好的语言背负着说话人的整个人格；寥寥数语，可以包含一个人的全部经历。"

大冈先生诧异于美丽的樱色并非染自那花瓣，而是从粗枝糙皮上得到的。事实上，绽放的花朵已将颜色耗尽，不可能再染出色彩。花瓣的颜色，便是枝干一刻不停酝酿而成的精髓。这与大冈先生所形容的语言世界，何其相似。

乍一看，枝干与花瓣的色彩有云泥之别，然而，动用全身能量孕育出花瓣之色的粗重树干，不就好比将自身的思想

---

1 大冈信（1931—2017）：日本"第二次战后派"的代表诗人、评论家。在世时为东京艺术大学名誉教授，亦曾担任日本笔会会长。

和寄望以片片花瓣般的语言表达出来的我们吗？如此想来，吐露的每一句看似轻柔之语，都有着并不轻柔的份量，值得慎重对待。"美好、正确的语言，"大冈先生在文章的结尾写道，"在这一刻，才真正被我们领受。"

以杏梅染成的丝线

以梅枝烧成的灰作媒染剂

树干之滴露

　　每年二月初，龟冈的梅林都会将一卡车修剪下的梅枝送到我这里，今年也不例外。青色的新枝透着清气，与老枝分开捆束，新老枝头皆缀满了珍珠粒般的小花苞，有些已悄然绽开。

　　取一半老枝烧成灰，用作媒染剂；青枝则煮来染线。

　　先染出的红泛着淡淡黄调，又在梅自己的灰汁中裹上一层赤调，转世为清纯新初的红。这用附着花苞的梅枝染出的颜色，在丝线上绽放光泽，仿佛能听到花苞绽裂，美不可言。虽年年都会染成，却年年让我处于新鲜的欢跃之中。

　　有一年晚秋，我去山梨县的桃源境美术馆参观，但见那里的群山，斜坡被一片葡萄棚的红叶覆盖，地上则铺了厚厚一层胭脂色的落叶。那美景深深触动了我，难以忘怀。沿路是忘不到尽头的桃花田，花季时将会是何等盛景！若能用这葡萄枝或桃枝来染色，又会得到怎样美好的色彩啊！——同行的美术馆朋友有心，将我不经意吐露的这份感慨记挂于心头，之后寄了几麻袋葡萄枝和桃枝给我。

　　植物为了开花，会在树干储备充足的养分。虽有几分残忍，但在含苞待放时煮其枝干染出的颜色，有着难以言喻的清纯之美。那是凝聚了草木精华的新初色彩。特意选在春尚浅时送来这些枝干，让我尤为感荷，希望自己无负于这份高情雅意，便马上取来染色。

桃枝连带花苞一起，在第二天早晨染出清雅幽淡的桃色，那灼灼之美，也只能用桃之精魂来形容。

葡萄枝在煮后浸放了两日，染液浑融成葡萄酒的色泽，漫溢着甘芳。这不正是最纯正的葡萄染吗？我把这初得的葡萄色丝线捧在手心，想象着会织成怎样的和服，不禁暗自雀跃。

染梅得梅色、染桃得桃色、染葡萄则得葡萄色，这是天经地义。我们只是在取得这些天然滴露时搭了一把手，而丝线不发一语，默默将这天然的精华尽数吸纳。将晾干的丝线在工作间整齐地排开，如欣赏一幅画，叫人怎么也看不厌。凝视久了，能听到四周环绕着植物的呢喃。那是只在这一季节才有的清浅吟唱。在另一个次元，以另一种形态，植物的生命延绵连续，从工作间的天井，从每个角落，传来阵阵轻柔的喧响。

野草的音色

京都多雪冬季后的春天，满目新翠尤其润眼。田野复苏的喜悦，更甚于往年。北国的人一定谙熟这样的心境。

魁蒿、紫云英、老鹳草、虎杖、大野豌豆，皆被我采来染色。其中，紫云英、虎杖和大野豌豆是初次尝试。田里的大野豌豆向来长势惊人，一直被我作杂草处理。今年我却突然对它另眼相看：那裹着一丝黄调的薄绿，有令人难以割舍的野趣。如此兴步于田野，委实目不暇接。

将这些野菜染成的丝线摆在一起，原野的色调自然地浮于眼前。薄紫中摇曳着茶色与鼠色的降调，那是老鹳草；薄绿中泛出淡淡黄色的，是紫云英；带有一丝青调的优雅鼠色，则为魁蒿。我想把这份优雅织一线入条纹，又跑去田里摘下魁蒿，煮来染色。如此丰收，唯有春天才能成就，不由感荷于季节的流转。

化冻的大地迎来草木长芽；沐浴到第一缕阳光的幼苗仍不明所以——倘若我们能同时听到它们的音色，便能在染成的丝线上感受这份乐音。那是初生野草的音色。

蚕豆在一夜间鼓起肥厚的豆荚，草丛中的紫斑风铃草提着白色的灯笼。在夜里，季节的脚步加快了。

伴随自然界的变化，人的细胞也在春天经历了更新迭代，产生新的发现。当紫云英、老鹳草等野草在地里生长，我们身体的状态和感觉并未掉队，跟着它们在夜里一点点从春向着初夏移步。

散步归途，我绕经田野探探花草的长势，蓦然发现粉花绣线菊开出了小花，毛樱桃缀着红果，像在等候我的到来。

较为稀奇的是蓝花西番莲。本以为收到的这一小盆已在霜冻中枯败，没能熬过冬天，未料或许是水土颇为相合，仅剩的一抹绿逐渐繁茂，藤蔓向四方伸展，竟结出了约一百个花苞来。我急不可耐地等着它开花，终于在一个早晨，茂密的绿丛中绽放出鲜亮的一朵。是谁给它取了"时钟草"的别名？是窥得时钟内部构造的诗人委托名匠雕出来的吗？那华丽的花蕊，仿佛被切成细丝的紫色与白色的纸片中央，果真有钟表的陀螺在上卷，只要小人国的居民给它上发条，它就会向你报时。

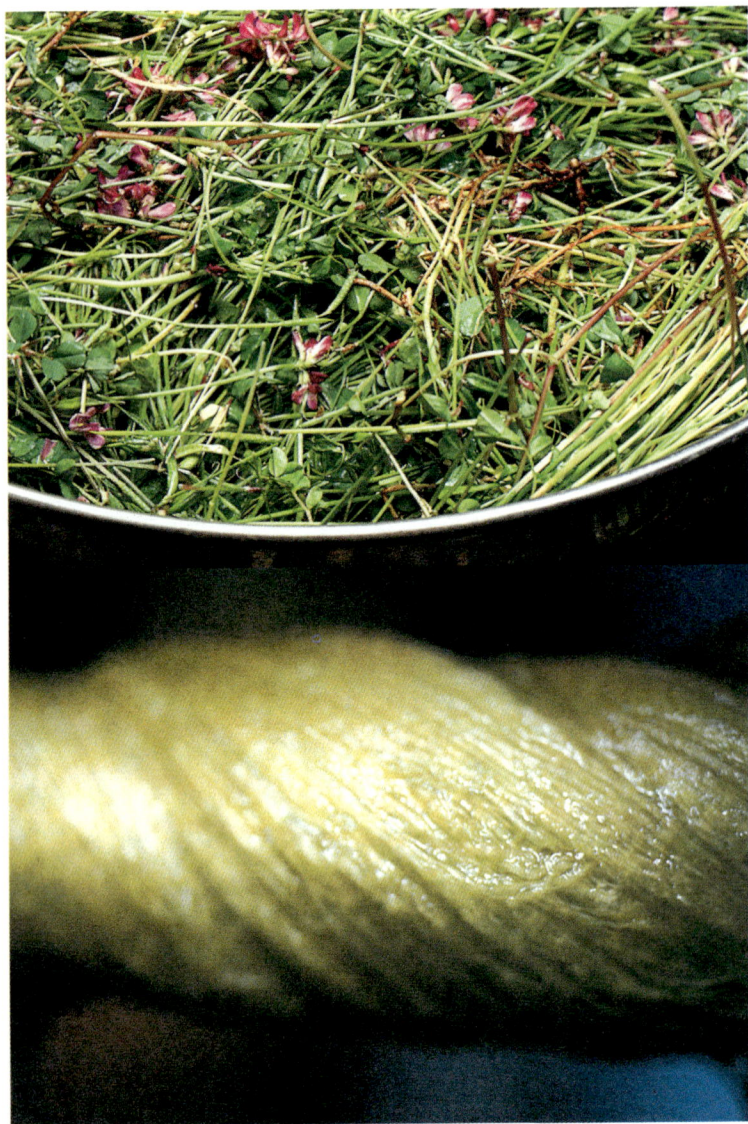

紫云英染

伊吹的青茅

　　每年一过盂兰盆节[1]，总要去伊吹山。正是那里的青茅结穗的时节。[2]

　　没有比青茅更适合作为绿色底染的染料了。用它染过的丝线，金黄中泛着青调。将其浸入蓝瓮与蓝靛碰撞，再提起时，丝线宛若新生，摇身变成了绚烂的翠绿。作为绿色的底染，青茅甘于幕后，出色地扮演了自己的角色。

　　某年初秋，我们在伊吹山的暖阳下采伐青茅。趁着将采下的青茅堆在山坡上晾晒的时间，在山上开了便当，又打了盹儿，回去的车上，除了成堆的青茅，还装了魁蒿、老鹳草、地榆、乌头、长萼瞿麦，一路包围在野草扑鼻的清气中。

　　那年的青茅染出的颜色无与伦比，以致我忍不住想要赞美它，歌咏这谦逊无言的幕后角色所带来的如此美好的成果。

1　盂兰盆节：祭祖祭灵的佛教祭日，日本仅次于新年的重要节日。一般都是在八月中旬举行。
2　用青茅（日语名为"刈安"，芒草属）染色，在日本是古已有之的传统，"青茅色"被列入日本传统色。日本滋贺县伊吹山自古是青茅的著名产地。

结穗的青茅

青茅染中加入蓝，绿色便诞生了

18

伊吹的青茅

伊吹山的斜坡
一面被芒草的原野覆盖
白、苏芳、金黄色交相辉映
你们依偎着彼此
怯生生地展露出贫弱的花穗
随风轻漾

那日的秋空
高耸于望不到顶的伊吹山
青空万里无云
年轻人借着滑翔伞，化作鸟儿
悠悠然翱游于天际

金黄的薄穗
垂着金子般的穗粒
摇曳出风铃般的清音
苏芳色的芒草和丛生的地榆
如上了漆一般，透出油亮光泽

一大丛白色的花穗

是发光体本身

而你们

在草原的角落，静静地

蕴蓄着金黄色

当暮霭轻轻垂落

夕阳的余晖

为草原涂上了壮丽的金莳绘[1]

而你们却不见了踪影，甚至

来不及在心中留住你们的剪影

然而此刻

你们献出茎、叶、穗，献出一切

得以重生

---

1 莳绘：日本漆艺技法的一种。在漆器表面以金、银、色粉等材料绘制纹样装饰。

这金子般的丝线

深深穿透着一丝美丽的青调

唯有庄严一词配得上它

最终，你们潜入暗蓝的染瓮

唤出那新生之绿

成为夺目的焦点

然而你们的存在

无人知晓

伊吹的青茅哟

你们在看不见的地方闪耀

我不能抑制地想要赞美

你们是秋阳那金黄的滴露

于伊吹山

栀 子 之 黄

十二月带来了栀子的果实。

金黄的果实有如光的粒子。我装起一大盆,装点于壁龛;再用白色的丝线串起它们,做成环,吊挂在玄关的隔栏上。熟透的那些,则迅速拿来熬煮以染色。——这已成每年的惯例。

明晃晃的栀子之黄,亮得几乎看不到影子。将之以"无媒染"的方法染成,因而没有像其他染料那样经媒染后的变化,留住了金黄的本色。金黄色正是王者之色。王者岿然不动,不媚他色,因而也是孤独、单一的。

色彩各有其命运。栀子无言,[1]素面无饰时最美。

---

1 "栀子"（くちなし）在日语中与"无言"（口無し）谐音。

栀子果实

蓝 的 一 生

　　每个蓝瓮，都蕴蓄着蓝的一生。从木灰水的选择——那代表了蓝的体液，抑或血液——到蓝靛原料（发酵的蓼蓝叶）的状态、建蓝之人的心态、天候、季节……无以计数的条件聚合在一起，构成了一个蓝瓮的一生。蓝从诞生走向终焉，与人的一生何其相似。

　　炽烈的蓝气升华为熠熠夺目的缥色，是从少年进入青春期的过程；随着每一次潮起潮落，缥的精气渐渐削弱，蓝展露出稳重的一面，传递着内心安定和内省的精神气质，那是它的壮年期；接下来，日本的蓝渐渐展露出它最沉潜的美，若以季节比方，那是一年中的深秋；终于，蓝也将迈入暮年。

　　蓝的精魂（靛花）逐渐萎缩，褪去光泽，却仍凛然端坐于蓝瓮的中央。这一时期的蓝之色，并无超越昔日自己的雄心——无论染多少次，色彩都不再浓郁了。隐身而退的同时，它也小心地守护着自我，然而日益衰微的老境之态无以掩藏，色彩不会说谎。

　　这正是沉静高雅的"瓮伺"之色。此刻开在瓮中央的靛花，宛如一握老妇的发髻。最终，这朵小花也消隐，"瓮伺"色却仍释放着最后的能量。从瓮中提起丝线时，还只是有些脏的薄茶色，水洗过后，蓝的真容微微显露出来。

　　当这最后的色彩穿透染液，它留下的色香浮上来的那一刻，我总会被静静打动。若它可被聆听，那是一阵若有似无的轻喃；若它可被嗅闻，那是一抹擦肩后的余香。但它切实地存在于丝线中，"瓮伺"，便是蓝最后的生命之色。

关于绿

用草木的染液无法直接得到绿色。这片大地上繁茂着如此葱郁的绿色植物群，绿本身却无法染得，委实不可思议。莫非神将植物染料中的重要一角遗漏了？

其实不然。我有一个不移的偏见，以为这不过是神为了向我们传达更深刻的真理所设的谜面。

绿色虽然无法直接染出，却可以通过蓝与黄的套染得到。换言之，在蓝瓮中浸入以青茅、栀子、黄柏等植物染成的黄色丝线，绿色便降生了。其他的颜色皆用"染得"一说，唯有绿色，我愿以"降生"来形容。绿婴的降生——面对从蓝瓮中浮现的绿色丝线，我总会想起这个词。[1]

绿色和生命的关系如此紧密，它是那生命的尖角，是所有的生物无限怜爱的璀璨光芒。我们祈愿永恒的生，而生命的钟摆却昼夜不息地趋向死亡。若以颜色来表现这样的生命，难道不正是绿色吗？

即便用植物的叶子绞拧出绿色汁液，色彩也无以留住，每一秒都在背叛上一秒，直至化成灰水。绿色象征了生命的

---

1 日语中，用"绿婴"（緑児）形容赤子。

流逝。反观站在易逝生命的对立面的矿物，其颜料中则有白绿、绿青等。

同样让我感到不可思议的是，在蓝瓮中浸入白色的丝线，会先染上茶色，此时用竹棒挑起绞拧，手上一旦收力，接触空气的部分就会在一瞬间转为耀眼的祖母绿，又旋即消失，定格为缥色。仅仅数秒的变身，那一刻的绿去哪儿了？

彼岸的绿，是否就是此岸的缥色？它们是否表里一体，而缥色的一面留在了此世？若如此，那么它与黄色结合所得到的绿，则是假以人手而降生的自然之色。绿消隐，转为青蓝，青蓝又湮灭，生成绿。这一轮回仿佛不断变幻着次元，有着不可思议的魅力。

在我们的眼里，青蓝是天空与大海的颜色。那海面的群青色，那澄空的水浅葱色，皆无以把握，道尽了"色即是空"的本质。抹在大海与天空上的青蓝，从何而来？当彼岸的光笼罩着三千世界，便有无限的色彩应运而生。

当旭日东升，天地怀抱于金子般的光照；当暮霭垂落，天地被青蓝的夜幕合拢。大自然的循环，教我辨认出趋近光的黄与趋近夜幕的青蓝。这两种颜色，正是位于色彩之两极的二原色，它们之间横亘着无量的色彩。

我们以草木染色，不过是参与了大自然的一次呼吸。但即便是这其中最细微的现象，都隐含了神以自然的名义向我们袒露的秘义。

「伊勢」

织机的道理

据说，织机中的"经"（经轴、经线）与"经典"之"经"同义。整经这一工序，容不得半点差池。百根也好，千根也罢，一旦有一根经线穿错了位置，织造就无法继续下去。如若放任不管，这一根线带来的瑕疵会永远地留在织物中。人生若如是，不免让人骇叹。

粗疏愚蠢如我，织机之路理应是场艰巨的修行，却不想惴惴一路，也走到了今日。而织机与经典之间不可思议的勾连，每每搏动于我的心底，撩拨起我的想象。

若换个角度来看，织机代表了阴阳的世界。经纱以阴，纬纱以阳；经纱是传统，纬纱则是活在当下的证明。经纬纵横交织，纱线始为布帛。

我们的人生，亦有经纬之分：既有我们无能为力的先天性的宿命，是为经纱；也有与之相对的随心所欲的选择，是为纬纱。其中，自由的纬纱织就了那些明暗的心绪和喜怒哀乐的情感。

若经纱代表男性，纬纱就像女儿身。在经纱中引入白色纬纱来织出结构缜密森严的条纹时，那白色的纱线总会被我们忽视，目光停留在条纹本身的强韧力量上。然而正是白线所具有的扎实，抑或说真实性，让它净空自己，托举出经纱。
这何尝不似贤内助之于良人的关系。又或者，纬纱就像是另
一个自己，一个忠于自我的分身。

色 彩 的 旋 律

　　坐在织机前投梭引纬，不经意会有弹拨竖琴般的心境。每织入一色，就仿佛奏响了一种音色。对于经纱上固定好的图案，引纬纱以塑造整体的主题。

　　首先引入与经纱的竖条纹一致的横条纹，织成格子；再试着一点点打破这缜密的格纹，制造间隙。粗条纹、细线、素面，皆不规整，就像自然的呼吸。看似均一，却在哪里跳了拍子；看似不规律，整体上却又统一有序——间隙妙不可言。我的手没有停，循序渐进中，也愈发清晰。再往前一步，再一步……对，就到这里。

　　发自心底的节律被身体感知、传递，漫溢向四周，将这节律以呼吸般的轻盈掬起，引入织物中。好比将凝未凝的果冻，在无限趋近的时刻里，下一个旋律诞生；亦如电影的一帧帧画面，节律的连续如此自然。

　　是该让和声（即色彩）先行，还是以节律（即间隙）为先？我被两者追逐，投梭的手由惯性推着向前，就好像踩着节拍哼着即兴的曲调——并非无意识，正相反，是意识的聚合，而我正潜入其中心，不由自主地织进一线又一线。来不及思考下一线要用什么颜色，投梭的手已经做出了选择。

织作时，我总会备足不同颜色的纱线，远超于真正取用的量。同一色的渐变色线、粗细不同的纱线、绩线[1]，它们决定了音色的强弱和拨弦。为了捕捉色彩的每一个细微表情，织作前须在纱线上下足功夫。

　　心中虽有大致图景，细节却不会在事前勾勒，织作的当下自会显现。几乎不存犹疑，色彩自发地奏响旋律。已然织成的部分，自然地呼唤着下一个色彩。愈是看似渡危桥的瞬间，色彩的旋律愈发鲜明清晰。

1　绩线：将线通过对接、打结的手法接续成的更长的线。

右页：琵琶湖畔
左页：「秋的远足」

珍珠母色的光辉

德拉克罗瓦[1]谆谆告语:"绝不要将绿色与紫色在调色盘上混合。"

绿色与紫色接近互补色,两者相合,顿呈沉闷的灰色调。但画家冈鹿之助先生曾在《法国的献花》一书中提到,若将这两色并列,在"视觉混合"的作用下,能释放出美丽的珍珠母色的光辉。正如将相异的两种色块如马赛克壁画般交替排列,远看便簇簇耀目。

我的织物可谓殊涂同致。甚至,不知是幸是憾,织造中无法回避这一原理。因为丝线之间无法像颜料那样混合。我唯有在绿色的近旁,织入紫色。

有人曾在见到由赤红与青蓝的渐变色交替织成的和服后说,那紫色真美。我告诉对方,这里面没有一线紫色,引来惊诧的目光。这就是互补色的魅力,也是"视觉混合"的原理在起作用。

如此以躬行得来的体悟,不仅会跟随一生,也是通往下一个挑战的桥梁。织物中的色彩不会也无法交融。这一原则教给了我可称为色彩之生态的原理。

---

1 欧仁·德拉克罗瓦(Eugène Delacroix, 1798—1863):法国浪漫主义画家。其画风曾影响过印象派画家如梵高,亦对作家维克多·雨果创作《悲惨世界》带去深远影响。

珍珠母色

蚕，天虫

关于蚕，《远野物语》[1]中有一段哀伤的传说，讲述白马与少女相爱，最终一同升天的故事。

少女从幼时起就与白马相伴，带着它巡游山野，白马是她唯一的伙伴。白马也倾慕着少女，一刻不离她左右。少女长大成人，发现自己真的爱上了白马。无法用语言交流，反而让这份感情更强烈，纯净。

少女的父亲见她整日与白马厮守，渐起疑心，更对白马心生憎恶，最终把它吊死在了树上。少女抱着冰冷的白马，难以释怀。最终两具紧紧相拥的身体一同飞升向苍空。

父亲对着升天的女儿喊道："是我错了，原谅爸爸！"女儿答："不，父亲，我们无意怪你。明日早晨，请去庭子里的臼口一瞧。那是我们的赠礼，以示对您的心意。"

第二天早晨，父亲去臼中一探，只见数条长着马脸的白色小虫在蠕动。在精心喂养的过程中，白色小虫结成了茧。从那茧中吐出的绢丝，为整个村庄带来了财富——故事至此终结。

蚕，写作天虫。而且，不知为何，它们以"头"来计数。[2]

---

1 《远野物语》：日本民俗学家柳田国男整理的岩手县远野乡的民间故事，发表于1910年，被誉为其民俗学研究的原点。
2 日语中，小型动物如昆虫一般用"匹"作量词，大型动物如马、羊、牛等，才用"头"。

生 丝

　　第一次学会从蚕茧中缫丝，我才知道获取丝线竟是如此快乐的一件事。一切手工艺的根本，都源自单纯的重复，这其中蕴藏着深阔的喜悦。

　　白色的蚕茧形态优美，齐整地浮立在热水中吐出丝，如芭蕾舞女的足尖。蚕虽已在茧中永眠，经人手缫取，数十根茧丝集成一缕具有光泽的透明丝绪。蚕曾无意识地摇晃脑袋，吐丝作茧，茧丝上摇曳着它的呼吸。蚕用自己的身体留给世间的礼物，便是这天之丝，也即生丝（Suzushi）。

　　Suzushi——悦耳的回响，来自未被任何手触碰过的纯净之域。一根透明的丝线拥有天然纤维所赋予的孔洞，既能锁住肌肤的温暖与滋润，亦能让风穿透。未经捻触和精炼的生丝透着近乎顽固的清气，织成的缯帛通透而灵动。

　　我想起《源氏物语》"夕颜"一帖中，有"曳着长长黄色生丝单裙裤的童女"之句，便将生丝以栀子染黄，织成一件和服，仅在袖口处饰以紫色系的缬纈[1]。它如蝉翼般轻薄通透，以致让我忧心是否耐穿，便把它留在身边。直到被一位佳人寻去，它才从我身边消失了踪影。

---

1 缬纈：同色系的深浅断层的渐变色排列而成的纹样。

生丝织物

素之美

　　没有比不饰纹样，不现条纹、絣纹[1]的素面织物更难表现的了。它意味着织线和色彩本身决定了一切。当拭去所有的装饰，物什的本质得以彰显，这便是素之美。

　　丝线的选择、制织的技巧——织入的每一线都大意不得。若一件素面的织物能击中人心，它将无以超越。

　　素面中，又以纯白为最。不久前，我曾亲眼见过这样一件白底无垢的神衣[2]，仿佛真有神灵寄居其中。热田神宫[3]里的那件十袭御衣[4]，向来被认为是更甚于白的白衣，而岁月的浮尘积于其上，让它浸没在一片灰调里。通透的十层织物在看不见的风里摇曳，带着妖媚的神秘性。

1　絣纹：又称飞白纹样。絣是指织之前，把图案先在纱线上防染（扎染）的织法。纱线在染后重新排布，每一根纱线上的图案产生细微的移位，形成边缘自然错落而模糊的纹样。絣纹在日本织物中和条纹一样常见。

2　神衣：又称神御衣。织给神灵、敬神的衣服。

3　热田神宫：位于日本爱知县名古屋市，至今已有一千九百年的历史。因存放着日本三大神器之一的草薙剑（仿制品，真品已失传）而闻名，地位仅次于伊势神宫，是日本三大神社之一。

4　"十袭御衣"一词沿用了原文汉字。"袭"表示"层"，十袭即十层。"御"表示尊敬，既然是神衣，这里便是对神祇表达敬意。十袭御衣样式上应为重袿，是平安时代宫女在表衣下多层叠穿的一种衣服。

平安时代的贵族所钟爱的袭色目[1]装束，也散发着无尽的柔情。雀黄、朱红、藤紫、缥青、丁香棕……素面的裂交叠，孕生四季的色彩。此时亦不需要任何纹饰，素已是最美。

　　织出素面的裂，也是我最终的愿望。条纹、格子、絣纹、熨斗目[2]，这些纹样技法带来的乐趣，引我研求不懈，以至今日。然而，不管用蓝、翠，还是茜色，以纯色织出意蕴深邃的素面绸的愿望，始终深埋于心。我寄望于织出这样的素面：其色彩，是那不会让人眼倦的色彩本身，是超越色彩之色，是无形之色。

---

1 袭色目：指平安时代中期以降，服装数层叠穿所呈现的颜色交叠的配色。旨在不以纹样，只以色彩的交叠呈现一种抽象的审美。
2 熨斗目：用生丝作经线、熟丝作纬线的一种丝织物。最早是武家的礼服。纹样特点是平行分段后局部配有纹饰。

关于媒染

曾有人如此形容我："志村女士经过离婚这一媒染，染成了现在的染织事业。"

把离婚比作媒染，委实稀奇。换言之，媒染是受苦，也是一种变动。植物经媒染剂而变色，或发色。

譬如，同样是梅染，以灰汁、石灰水还是铁水作媒染剂，得到的颜色迥然不同。

在父母身边长大成人的孩子，将面对工作、婚姻，人生的色彩因环境和际遇而随之变幻。当然，人生经不起这样的抽象，但从宏观的角度看，这何尝不是一种媒染。与生俱来的资质与外部的遭遇碰撞，能变化出怎样的色彩？有的人经历各种磨难，反而愈加光芒万丈，有的人则因此衰萎。理想的情况是，我们也能在最适合自己的媒染作用下，充分释放自身的资质。

若要从植物那里获得最美的自然之色，以其自身的灰汁来媒染是最理想的，这样最能焕发其本质的色彩。反观人类，情况又如何？以自身媒染自身，最终将自己奉献出去，或可称之为皈依——难道不是在此时，我们的人生释放出了最绚烂的色彩？

一次完美的色彩展示

光 之 旅

　　对自然界的诸种现象投以深沉的关注，自然会主动向你袒露它的秘密。甚至称不上秘密，那不过是心盲时被我们忽略的现象。有时执着于恶劣心绪，让我们迷失了真正重要的东西。然留意到，熟视之，思绪凝聚之时，一切如此清晰了然。缜密的条理，意味着浸漫于自然界中的无数微粒，以一种秩序被统合，在内部的光与外部的光相呼应时被照亮。

　　前不久，我在九州的大分县展出了近一百件作品。事前为了陈列和准备，我多次往返于当地，偶然在途经的山中目睹了茜草的群落。深根于土地的茜草仿佛在召唤我，以致我沉浸于茜根的采掘，一时兴不能止，其后每次走访大分，都能在国东半岛、深耶马溪等地与茜草相遇。数百年间沉睡于山谷的茜草，那在召唤我的究竟为何？它的色彩未免过分清透了，兀自闪着灼灼光辉，让我陷入迷惘，不知从何织起。是蕴于地底的光，是来自太阳的滴露，是大地的血脉，又或者，是那光的根源本身。

　　"色彩是光的业绩，"歌德写道，"是业绩，也是苦难。"¹他

---

1 出自歌德的《色彩论》(*Zur Farbenlehre*, 1810)。歌德一生中有四十多年从事色彩研究并写下这本巨著。志村福美深受其影响。

把色彩看作光在世间的种种遭遇下所呈现的不同表情。初读这句话时所受的震撼，仿佛一个千年的谜题被瞬间解开，引领我抵达辽远之境。光经过弯曲和折腰，承受别离，最终以各种色彩栖息于世间。无论是从植物中擢取色彩，使其经受媒染而发色，还是人在不同际遇和磨难下，为自身染上色彩，它们的根源只有一个：光的旅程。

象征生命之源的太阳的光照，能为大地披上绚烂色彩，也会在遭受意想不到的阻碍时，化作阴影、铅云，抵达暗夜；会为矿石染色，也会在草木的根中寄居。

在九州的山野中相遇的那茜根的色光，除了能对之细心守护，我别无所求。

灰色的世界

　　贾科梅蒂曾表示："灰色是一切色彩的基调。我对巴黎的喜爱也来自它的灰色。人生本质上不就是灰色的吗？"对此，诗人宇佐见英治[1]答："即便灰调是人生的底色，如果把一生缩短至三天，那么灰色的两天之外，能有玫瑰色的一天，便是最理想的人生。"

　　而我以为，那一日的玫瑰色，正是透过灰色的磨砂玻璃所呈现的。

　　事实上，灰色也是所有植物染料的基调色。熬煮植物的染液中究竟混含了什么？是树液还是杂物？粒子相碰撞，让所有色彩蒙上一层灰色的纱幕。

　　这就是为什么植物染的色彩总给人以沉静之感，仿佛脚踩在大地上。因夹杂了不纯物，它没有化学染料的那份精确和断然，但色彩本身并未因此而浑浊，反而凸显出本色。

　　混含不纯物，反而得到了纯粹的色彩——看似矛盾，却是事实。是否可以说，色彩的影子也蕴于其中。灰色便是那影子，是带来慰藉与温存的部分。

　　很久以前，我曾写过这样一首诗：

1　宇佐见英治（1918—2002）：日本诗人，法国文学学者，美术评论家。曾与瑞士存在主义雕塑大师贾科梅蒂有直接交往。

织 进 衣 裳

以清凉寺的楸树染成的灰色

是围绕在山门、塔楼附近的

鸠群羽毛的颜色

淡鼠中，透着一点紫，一点茶

丝线从卷筒中泼洒出来

薄暮轻轻润染着一个降调的鸠羽鼠灰

那是一片无与伦比的温柔乡

静默地包容一切色彩

它如此通透

敞开自己

与周围的色彩混融一片

成为柔和的背光

那深陷苦难与绝望

以残损的身体和破碎的心灵

默默工作的女性

我愿在她们的衣裳里

织进一丝楸树的温柔

裂笥拾遗

　　我对裂有着无尽的眷恋。且裂愈小，愈让我爱怜。长久以来，我织过各式各样的条纹，虽未细数，想必也超过了一千种吧。这些条纹的小裂溢满了五斗柜的抽屉、竹箱和包袱皮。或许，我可以从中挑出自己喜欢的纹样，制作一本裂帖。[1]

　　把柜子里的小裂摊在榻榻米上细辨，便能听到从各个角落传来轻微的喧响。对裂的回忆，宛如从阿拉丁神灯中蒸腾的袅袅轻烟，散逸于整个房间。

　　跟着我一起远游异国的裂，故人遗留下的裂，呼吸着大正末期的空气的裂，无数马赛克碎片般的裂，大理石切面般的裂，如细雨下的街灯的裂，浸润着秋阳的砖红色的裂，青蓝如长号音色的裂，仿佛从浮世绘一角撕下的裂，如莺的羽毛般的裂，如雪花落在石板路上的裂……岁月的纺车悠悠倒转，拉回至故事开始的地方。

　　我从中挑选出五十片裂，开始织作。五年时光，一晃杳然已逝，一卷卷布帛在不知不觉中占满了竹箱。我像对待易

---

1 这部《裂笥》由日本紫红社于1984年出版，限定138部，每部收录50片裂。其中部分裂的图片独家刊载于中文版《我的小裂帖》（志村福美，上海人民出版社，2021）。

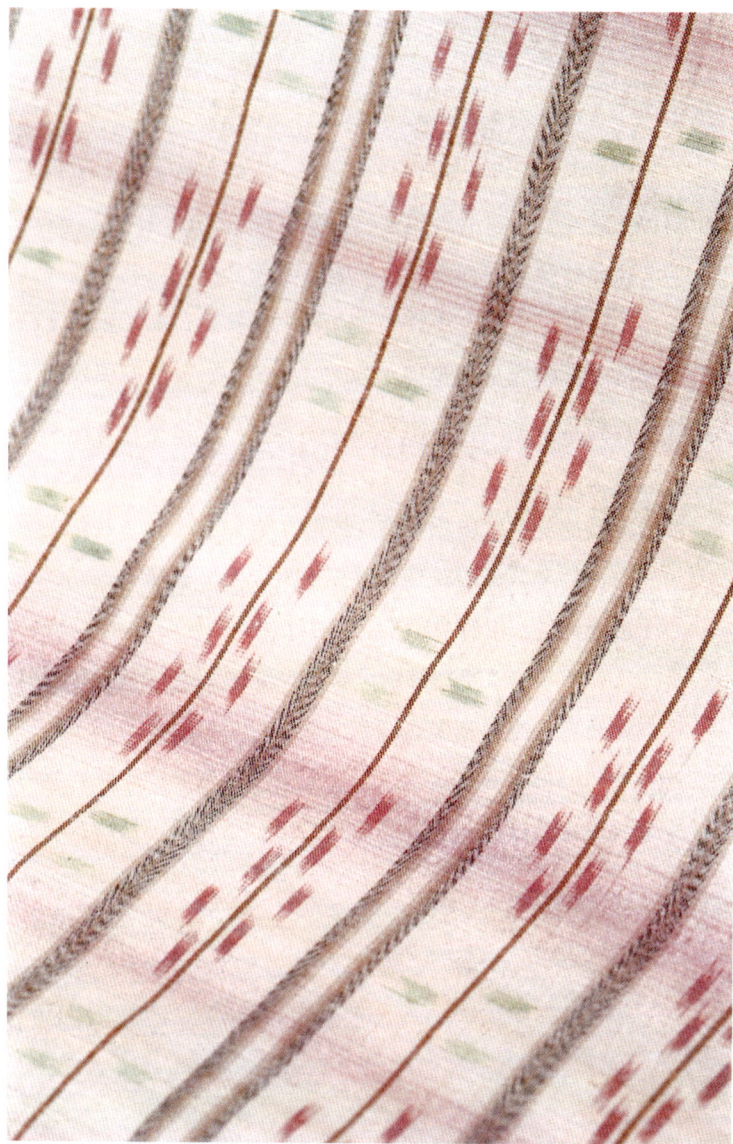

「风铎」

碎品一般，小心地取出它们赏玩，又轻轻放回原位，以致见到的人说我，像是"手捧着一件稀世珍宝"。

这裂帖该有怎样的呈现？是以和纸配日式线装，抑或在洋纸上压花，还是以经帙包裹？斟酌良久后，考虑到裂本身传递的柔软情绪，我反而想以与之相对的、金属的硬质去承接这份轻柔，最终请人为我做了金属箱匣。从银色表面嵌着的玻璃窗上，透映出一片裂。五十片裂也能随着季节变幻或装饰需要而轮替，能像器物、摆件一样欣赏。

最终到了裁剪的时刻。对裂下剪，无疑是痛苦的。我在心中默诵佛号，将耗费五年多岁月积攒的七千片裂一一裁剪。裁切完好的裂安置于箱匣中，裁下的碎片或纽带状细长的裂，则都被我收于纸板箱里。

有朝一日，我愿用这些裂，织缀出一件美物。愿收集我珍爱的小裂，做成一个小小的供养塔。是为裂匣拾遗。

湖北[1] 残雪

　　心生观赏雪中湖景的念头，遂漫然坐上了湖西线。风透凉意，却不似寒冬。过了西大津，湖水呈闷钝鼠色，轻轻化开了和煦的春意。

　　看雪湖之景怕是无望，我遥望起对岸三上山的霞云，心里叹惋，许是和雪季擦肩了罢，若能将季节的步伐往回拽一些也好。这样想着，蓦然望向山侧，却见比良的连绵山群闪着银白的光。近前的北山则粉雪皑皑，俨然一幅铜版画的意蕴。

　　我在坚田下车，行至浮御堂。从枯苇环抱的浮御堂眺望湖面，粼粼波光呼应着斜阳。看来，这里也没有冬天。辄又跳上下一班电车，一路驶向了永原。但见排成箭羽形的鱼梁兀自立于湖面，那正是在我心中根植多年却始终未能成形的绯纹。

　　过了今津，湖水渐渐变色。透过云的裂隙，霞光呈放射状洒在湖面上，闷钝的鼠灰转为浓郁的蓝色。

　　边上，田间银白一片，枯苇苍茫如烟，泛着微妙的光。

---

1 这里指琵琶湖的东北部。琵琶湖位于日本滋贺县，是日本中西部山区的淡水湖。总面积670.33平方公里，是日本最大的湖泊。

湖水傍着枯苇，如一坛染液醇厚的蓝瓮。枯苇的黄茶色"建起"湖水之蓝，[1]湖之蓝又将枯苇的黄映衬出金箔的光芒。

若没有雪，这一切便无以成就。换言之，三者的精魂，分别凝成了蓝、金和白。万物沉寂，唯芦苇在雪原上茂密着，柔软如动物的毛发。

电车每过一站，雪便又深了一些，我正逼近冬的核心。延绵向湖岸的白色田地里住着乌鸦，也有鹡鸰萧萧其羽，凌空飞过。不知是野兔还是野鼠的小脚印，从浅滩边伸向雪地，连缀成一串黑白混色的条纹。

车开过牧野，接近终点时，湖水第三次变化，沉淀出钢铁般沉郁的深度，近墨的浓绀色漫溢整个湖面。山色也变得沉郁起来。

远处的群山抽象成了无数道黑白的细线，像一个个根植大地的哀伤的怪物。怪物的衣角处点着家家灯火，人烟辐辏，冠雪而立。电车绕山脚滑行，飘摇密雪落在北端的湖面上。尽头是一个无人的车站。

---

1 蓝染中，有制作靛蓝染液的"建蓝"工序，此为化用。

琵琶湖北雪景　下页:「湖北残雪」之裂

75

初雪

路 标

第一次看到弗兰克·斯特拉[1]的金属浮雕画时，有什么东西在心里震了一下。或许是我冥冥中意识到：我也可以。虽然之后多年，我始终未能将之具象成作品，那一刻被击中的感受却清晰如昨，且愈发切肤。

我恼于该用什么手法来呈现它。以绊织入手是常识，但在这里，飘忽不定的绊纹对表现金属质感，反成一种打扰。若要在织物上将一根直线曲成直角，唯有把丝线裁断。

裁断，再连接——这是冒险，却别无他途。既然如此，我不再犹疑，全然地投入于截断、接续的反复中。如此单纯的动作，却带来了久未体验过的充实。这是我从未涉足过的领域，因而已无关成败，它是我未来的一个路标。"路标"，便是我给这件和服作品所起的名字。

我从日本的传统、日常熟练的织机操作中解放出来，充分拓宽了自己。这件《路标》织完时，我发现其所携带的创意，与传统的和服尺寸不合，便当机立断剪短了袖长，又让

---

1 弗兰克·斯特拉（Frank Stella, 1936— ）：美国画家、版画家、雕塑家，以其极简主义作品出名。

衣裾刚好与脚踝等长。这样一看，它有几分厚子[1]的粗犷韵致，也当得起一件晚礼服，配裁着袴[2]也相宜，作为毛衣外的短外罩、下穿裤装束皮带也合适。受斯特拉的影响，我甚至觉得，它与身高马大的西方男子也颇相衬。

---

1 厚子：北海道地区阿伊努族人的服装，以裂叶榆的树皮纤维织成。
2 裁着袴：一种形似灯笼裤，小腿处经束绑的裤装。原为过去武士所穿，明治时代以后多为劳动人民的服装。

「月之湖」

「月之湖」细节

雪 —— 奥羽[1] —— 镇魂之色

　　去北方的愿望终于实现了。一收到初雪的消息，我就按耐不住雀跃的心情，立刻动身。

　　京都的红叶还留有一丝晚秋的余韵，便自忖离雪季兴许还有一段时间。而抵达盛冈那晚，却听人说空气里已有雪的征兆。这话出自一位生长在雪国的人之口，固然是可信的。第二天一早，我坐上从盛冈始发的高速巴士牧歌号的最前排，继续向北行进。车子开动没过多久，挡风玻璃就仿佛吸上了蒙蒙雪粒子。是初雪。飞驰在蜿蜒向北的高速公路上，但见前方和两边的山野，渐渐披上了一层白色的纱幕。

　　前日傍晚在花卷市下车的那一刻，我的心境便仿佛步入了宫泽贤治的大气层，沐浴在贤治精神那无形的微粒子中。[2]此刻坐在向北的巴士里，这雪也让我似与万种机兆往还，仿佛车窗遁形，内心的小人涌向大气，化为一个个白色的雪粒子，在空中以微弱到不辨的声响奋力咏唱"主啊、主啊"，回环的歌声如古老的素歌。对着这雪中无声的圣咏，我的内心也变得虔诚肃穆起来。

---

1 奥羽：江户时代陆奥国（又称奥州）与出羽国（又称羽州）的合称，即今日本东北地区（福岛、宫城、岩手、青森、秋田、山形六县）。
2 岩手县花卷市是日本诗人、童话作家和教育家宫泽贤治（1896—1933）的故乡。

为何一踏入北国，就会油然生出这镇魂般的心灵体验？昨日参观的宫泽贤治纪念馆里，的确寄居着贤治的亡灵。那些陈列的遗物蒸腾起纯然的精气，贯穿我的身体，带给我深深的感动，乃至良久不舍离开。

　　动身前阅读的《修罗之渚——宫泽贤治拾遗》，是真壁仁先生五十多年来研究宫泽贤治的集大成之作。与宫泽贤治养育于同一片风土，同样实践着农业改革，又诗才异禀的真壁先生，对宫泽贤治的探索和洞察之深阔，强烈地触动了我。许是因为当时落在心头的初雪，与此刻我正经历的人生中第一场北国的初雪不谋而合，内心不自禁地回响起了福莱[1]的《安魂曲》。

　　驶向远野的列车开过花卷时，沿途北上川畔的山野并不见雪，但那山烟袅袅的落叶林，无疑是属于贤治的风物。记得经过北上川与猿石川合流处时，我望向窗外，遥想着英国海岸的景致，[2]而当列车绕着山麓回旋，眼前铺展开未知的风

1　加布里埃尔·于尔班·福莱（Gabriel Urbain Fauré，1845—1924）：法国作曲家、管风琴家、钢琴家以及音乐教育家。

2　北上川与猿石川合流处向南的川流，由于地层缺水，使河底凝灰质的泥岩石显露出来，宫泽贤治形容"就像在白垩纪的英国海岸边散步"，故得名"英国海岸"。

物时，竟让我不由地气蟠胸臆而难平。

明明毫无凄冷悲惨的心境，脑中却莫名地浮现《青人之流》[1]中的一节：

究或在何处，江川斯景浮？
生人与死骸，丛聚逐水流。[2]

那一刻所见到的河水，的确至为青蓝，但这蓝并不通透，是深不见底的沉郁之色。湖水的青蓝、河岸荒疏的雪之白，以及枯草在明媚光照下呈现的金茶色，三者凝成一股力量，紧紧压在心头。

为何这三种色彩会如此痛切地深入灵魂？疑惑之际，不知从哪里冒出一个声音唤醒了我的记忆："镇魂之色。"对了，

---

1 宫泽贤治二十二岁（1918年）时创作的一首短歌。青人譬喻死尸，"青人之流"即横躺于川流的逝者群像。当时的宫泽贤治精神极不安定，渴望实践法华经的理想而自立，现实条件却不能至，前途未卜，加之罹患结核性胸膜炎（后来恶化为肺结核而最终夺去他性命），内心十分灰暗阴郁。

2 原文为"そもこれはいづちの河のけしきぞや、人と死びととむれながれたり"。

与有元利夫的作品合影

我想起曾为了欣赏雪湖而远行至琵琶湖最北端的情形。那一次，也是这三种色彩强烈地印在心头。琵琶湖于我，总是紧紧牵连着深渊和死亡的意象，是名副其实的镇魂之湖。

琵琶湖以北的湖水，呈钢铁般近墨黑的浓绀色，甚至有几分可怖。这里的猿石川，则的确是"青人之流"的颜色。遥望前方，远处的三座铁桥勾勒出三段弧线，星空下，诚如银河铁道[1]的铁桥。琵琶湖与远野虽相隔千里，但眼前的北国景致让我意识到这三种色彩正是我的三原色：浓绀愈发深邃，并逐渐泛出翠绿的深渊之色；枯草在升华前一刻所萌发的金茶色；纯净素白的雪色。

踏入东北，同样引我追忆的，还有艺术家有元利夫、加守田章二、小野木学、山口薰、驹井哲郎。铺叠在我心底的金色落叶，刻着这些伟岸先人的名字。随着列车继续向北飞驰，镇魂之色也愈发鲜明地浮上心头。

---

1 典出宫泽贤治的名作《银河铁道之夜》。小说以童话般的口吻描绘了死去的灵魂去往冥界的征途。

藤原之樱

大冈信先生的《语言与力量》一文被收录进初二的教科书之后，每年临近冬末，我都会收到初中生的来信。

有一年，群马县藤原中学的一位国语老师来信说，同学们对文中提到的樱染颇感兴趣，跃跃欲试，希望请教方法。

这所偏远的山区学校位于藤原湖畔，一共只有三十六名学生。我眼前浮现出这些孩子的脸，立刻把染好的纱线和手信一并寄了过去。不久，我又收到同学们的回信，说大家在山里砍了樱树枝来染色，却不太成功，希望我"一定来藤原指导，大家翘首期盼"。想必这是他们人生中写下的第一封信吧，稚拙又无比认真的口吻，教人忍俊不住。

我倒真有动身的念头。巧的是，那年群马县立美术馆举办了我的回顾展。我便借此良机，于积雪深厚的三月初走访了藤原中学。车在雪中举步维艰，好不容易才在一片素白的溪谷和湖畔深处望到了这所学校。这件事还惊动了校长和区长，和我们一起在雪中树林里采伐樱树、蒙古栎、灯台树、日本辛夷，采来的树枝再用理科教室的炉灶煮汁。

每一种植物都释放出浓郁气息，充溢整个教室。这股清冽又刺鼻的气味，只能是树干为春天的花期而酝酿多时的精

采伐染材

气。同学们等不及下课铃声就冲进来："哇——好臭。"每张红彤彤的脸，都写满害羞、好奇和欣喜。一开始拿着纺好的线茫然不解的孩子，看到手中的素线渐渐染上颜色，脸上也立刻绽放光芒。

终于轮到了樱染。樱木灰也已就位，大家围在我身边，牢牢盯着我手上的一举一动，大气不敢出。浸染过樱枝液，又在樱木灰中媒染过的丝线，理应呈现有气韵的淡淡樱色，但此刻从染液中拎起的线却呈带赤调的黄色。孩子们有几分丧气，其中一个学生问："真正的樱色应该是什么样的？"

我马上回答："这就是樱色，藤原的樱色。"用昨天在林中被雪压折的樱枝染成的颜色就在眼前，无以回避。京都小仓山脚下的樱木能染出淡淡樱粉，藤原雪中的樱染则为黄色——我在同学们期待的目光下直面这一事实，只能如实作答。

未料回去后收到一位学生的信，对这件事做了非常精彩的解读："让我印象最深的是，即便同是樱木也未必会得到一样的颜色，而且，并不存在所谓真正的樱色。藤原的樱呈黄色。想到这就是藤原的樱，我非常开心。更让我开心的是，只要不断学习，总能遇到真实。我想，染色或许就是一种'自然的证明'。色彩在对我们说话。所以染色是在呈现色彩的主张。这让我越来越喜欢染色了。"

年轻的教师也附了一段话:"树在严酷的自然环境中倾尽全力为发芽做准备。既然我们领受了它的生命、色彩和香气,就必须聆听植物的'发言'。我每天和学生打交道,是否做到了充分聆听?甚至,那些无法言说的部分,有没有被我忽视?如果我们没有一张白纸去承接,色彩的生命就会陨落。我第一次真切地感受到了这一点。"

这里的孩子从小与自然的严酷和温柔共生,拥有纯粹无垢的感受力,才能做出如此回应。他们的反馈宛如透明的智慧,那熠熠光辉我将终生难忘。如今回想,我还能闻到藤原草木释放出的清冽香气。正是那里初二同学们涨芽的气息。

右页:
「藤原之雪」的裂

那次，我给每个学生发了一束线，请他们用藤原林中的草木染色，再寄与我。临近春末时，我收到了孩子们的丝线。日本七叶树、苹果树、桃树、山桦、山梗菜——他们寄来了一整个春天。

无需任何设计，我将这些丝线卷作经纱，纬纱则只引素白一色，以孩子们染的色彩本身织成条纹，命名为"藤原之雪"。另外，我还以绿、蓝、茶、白四色纬纱分作春、夏、秋、冬四季之色，引入孩子们染的经纱中，织成适合他们的和服。到了秋天，我带着这些取名为"藤原四季"的和服再访藤原，那里的群山已耀成一片鲜红，倒影染红了湖水。那些和服，至今留在藤原中学。

"运、根、钝"

这三个字，是已故木艺家黑田辰秋先生留给我的三件珍宝。至今难忘先生过世时，那双交抱于胸前的苍白大手。这双手一辈子忙于磨刀、削木、涂漆，最后化为"运、根、钝"三字本身。

黑田先生不止一次形容自己既不聪明，又任性粗懒；但我以为，他是少有的识见敏锐、真挚诚恳，一生尽一事的人。这截然相反的两种看法之间，便有"运、根、钝"这三个字的真意。在外界看来，黑田先生或许接近他自己的评价。在其人生籍籍无名的漫长岁月里，他清贫度日，却从不肯对工作妥协，诚然是活得不聪明的；在周围人眼中，他也的确任性而散漫。但他一力于工作，身心俱往，且坚持不懈。

所谓"钝"，是指一遍了然的事情，在不断重复中再次认知的过程。在一遍遍躬行中得到的真相，与第一遍的认识有本质区别。木块中生出佛，牛出美好的器物，这即是"根"，也是本性。而包裹它的，便是"运"。运并非突然降临，是黾勉地积累招来了运之"气"。

在我三十出头，身陷人生关卡的那段时期，黑田先生把这三个字赠与了我。走过四十、五十，如今六十岁的我，始终谨守着这三个字。黑田先生的一生和他的工作，便浓缩其中。

朱漆枣形茶罐（黑田辰秋作）与著者母亲所织的裂

96

臭树的果实

日本栲木的果实

「楸」之裂

为了絣织防染的纱线

织机上的经纱

䌷 与 絣

前阵子，一位出版社的女编辑看了我的几件和服后，说了一句："但可惜了，毕竟䌷只能作为日常穿着。"

这已不是我第一次耳闻类似的观点。想必这篇文章的读者，也大多作此想，认为䌷织和服上不了茶席。而某次，一位深谙茶道奥义的老茶人在不经意间向我流露：其实䌷才是最适合茶席的装扮。

为什么䌷会被大部分人限定为日常穿着？首先是䌷织素朴而温暖的感受，让人不自觉地联想到放松的日常。

以陶瓷来比方，若印染属于瓷器，䌷就是陶器。陶艺家富本宪吉[1]先生曾将瓷所拥有的条理和细腻感触，与陶身上素朴的厚重感结合，创出了贴近现代人感性的半瓷器。这让我一直思考，是否可以将蚕丝纤薄细腻的工艺感，与䌷织温厚的包容力结合，做出半䌷的质感。

在制衣线工厂让均一的丝线问世以前，过去的织工以最简单的手摇缫丝机缫丝。那些丝线传递着蚕的呼吸，因伸缩

---

1 富本宪吉（1886—1963）：日本陶艺家。1955 年被认定为重要无形文化遗产"彩绘瓷器"技术保持者（"人间国宝"）。1961 年获日本文化勋章。

性而粗细不匀，熠熠闪出生命力，正是最适于半紬的丝线。我找了信州和滋贺的工坊，特别定做这样的线。

将这些丝线与从丝绵中得到的紬线混在一起织，便能做出既未达礼服隆重，又高于日常装扮，也即半紬风格的织物。结合设计和色调，能随心所欲地穿搭。

我以为，和服本来就是这样的。不被外界的价值观左右，自己才是主导。隐秘于和服中的美好祝愿，与当日的心情融为一体，自信地穿出门——这便是和服。

与之类似的织物还有一种，便是絣。在大众根深蒂固的观念里，絣也属于日常装扮，不见于正式场合。

譬如久留米絣[1]，更被认为是日常穿着的代表。在丝线上扎出细密的防染区域，经蓝染后解开防染线，通过一一对位重新排布经纬，才织成了最终的絣纹。其所需要的耐性，超乎想象。

本来，能剧服装中的段絣或熨斗目絣，属于格调最高的

---

1 久留米絣：福冈县久留米市及其周边的旧久留米藩地区的絣织物。日本三大絣织之一。久留米絣的技法在1956年被指定为重要无形文化遗产，1976年被指定为传统工艺品。

苏芳市松（棋格纹）与梭

织物，过去只有高级武士才能将熨斗目絣穿于身。直到近世为止，絣的地位也一直居高不下，却在近代社会沦为日常着装，以至于出现了绀絣野良着（农活装）的说法。

放眼全世界，也找不到一个国家像日本这样，织造出如此知性的絣纹。无论是絣还是绅，我们不被外界的价值观左右，坚守正道，将自然赋予的良材，与絣这一人类创造的最美纹样结合，以期织出更高的美。

「蓮池」

十字絣

四十八茶百鼠[1]

我第一次完整地认识"四十八茶百鼠",是通过一套破旧的古色本。色本上的题名勉强可辨:"御召染悉皆所[2]藤屋半兵卫"。每册贴了一百片裂,以书香门第的漂亮笔致标注了名称。

譬如茶有衣更茶、莺茶、瓦茶、路考茶、成驹茶、高丽茶、莺茶;鼠则有深川鼠、关谷鼠、嵯峨鼠、葡萄鼠、远州利休、鸠羽鼠、红鹤羽、松叶鼠,等等,不知凡几,是为"四十八茶百鼠"。

这些纷繁的相近色,该如何区分?远州利休这样的色名,又会勾起怎样的联想?是薄暮透过海滨的松树洒在沙地上的颜色吗?繁复的色彩创造出微妙的阴翳,若以音乐表达,就像是"咪(mi)"与"发(fa)"之间的半音中,又生出了半半音,虽别致,又叫人失笑。日本人的眼睛能如此细致地区分

---

1 四十八茶百鼠:江户时代中期流行于庶民阶层的茶色与鼠色种类。江户幕府禁止百姓生活过于奢侈,对衣服的颜色和材料都有限制,只能穿茶色、鼠色和藏蓝色,于是催生了以鼠色为主的灰色文化。"四十八茶百鼠"这一色系就是由此产生的。这里的"四十八"与"百"皆非实数,而是代表"无穷多"之意。
2 "御召"是一种先染后织的高级和服丝织物。"染悉皆所"指与和服相关的修理、问询处。

色彩间的阴影，离不开日本列岛四季分明的自然的培育。

九鬼周造[1]在《"粹"的构造》中，将茶与鼠以"粹"之色做了哲学分析：

> "粹"之色，是伴随奢华体验的一种消极残像；是灵魂饱尝暖色的兴奋后，作为补色的残像，从冷色调中汲取的沉静。"粹"在色气中蕴藏无色感的灰色，被染色又不拘泥于颜色，便是"粹"。"粹"在肯定媚态的同时，又匿藏了一层昏暗的否定。[2]

他还提到，日本人之所以把茶与鼠作为"粹"之色的首选，是因这两色拥有"粹"在构造上的三种特质，即媚态、傲气与达观。

的确，茶与鼠有着江户庶民特有的俊俏、生气和雅意，也是具有日本民族性的色彩。

---

1 九鬼周造（1888—1941）：日本近代哲学家。曾留学欧洲，师从胡塞尔以及海德格尔等哲学家，回国后在京都帝国大学任教。《"粹"的构造》是他日本文化研究的代表作。
2 九鬼周造《"粹"的构造》有多个中文译本，翻译此段时均有所借鉴和参考。

缥缃晕染

从我的工坊远眺，西起小仓山、爱宕山，层峦叠翠；更远的东边，比睿山隐隐可望。这些群山四季披着霞云，峡谷间湿雾氤氲，若遇到万里无云的晴日，甚至能辨认出每一片树叶。但大部分时候，京都的西山滴雨。每个清晨与薄暮时分，我会停下制织的手，眺望山色。夕阳跌向爱宕山后的壮美，让我不禁想合掌祈福。

某天我望着远山，突然意识到，它们之所以悦目而舒心，是因这些山的色调皆微妙地相异，缓然而隆起的山包、沟沟壑壑的山侧和那严整的山谷所调和出的色彩，教人怎么也看不厌。

层峦由远及近，如缥缃晕染，由淡淡蓝鼠徐缓地过渡向浓浓蓝绿。这份协调经霞雾、有时是雨雪的润泽，更沁人心脾。阴天群山的优雅，如一群挽着衣袖、静静等候的贵族。

这是京都这一带笼罩的湿气与季节的流转所叠合出的、晕染的美。自然的恩惠，与这份恩惠所酿成的文化，共同构筑了一个审美世界，而这个国家自平安王朝以来所育养的缥缃之美，便属于这一世界。

日本列岛的文化，是潮润的文化，如层峦笼罩着缕缕轻漾，如雨滴在叶片上激起碧痕。

以黄色生丝织成的和服

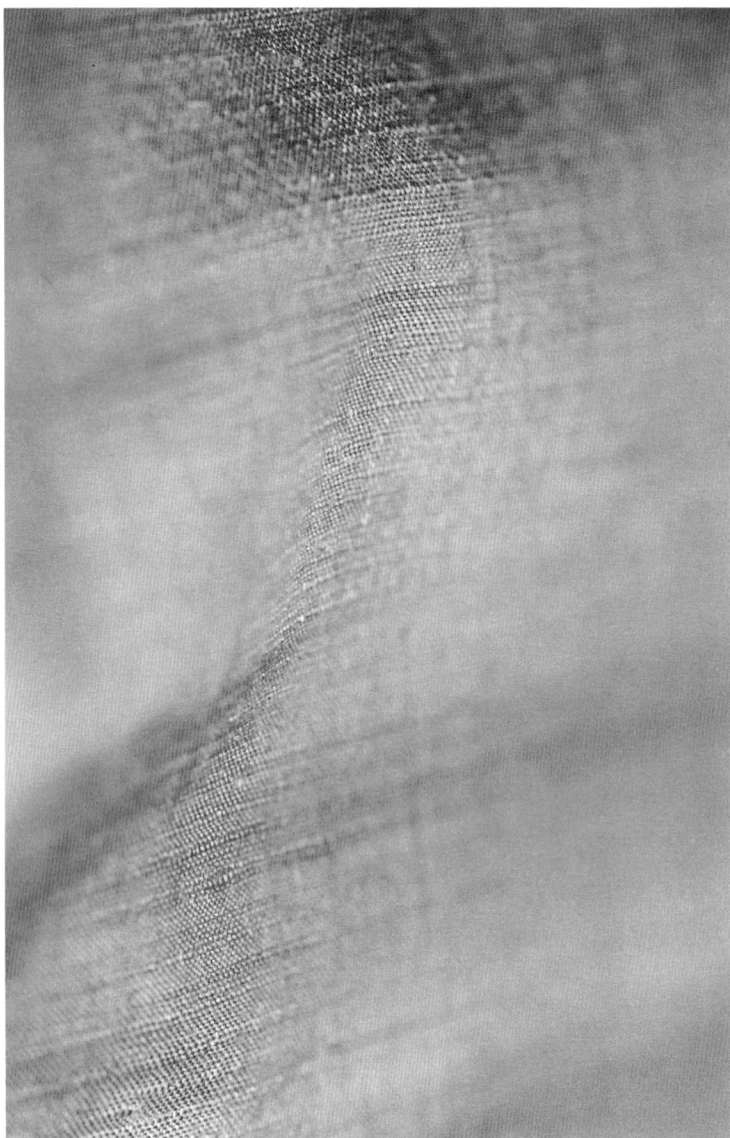

以
紫
根
染
成
的
布

紫之缘¹

  我常怀想，紫式部²本人，或许真的用紫根染过衣服。据说当时的宫女，会从山野采来花草和外来植物，带到染殿进行染色。

  源氏曾如此夸奖：紫姬染色了得，花散里也不赖。³事实上，《源氏物语》的真髓，全建立在紫这一色上。

  无论是源氏的父亲桐壶帝、母亲桐壶更衣，还是藤壶及其侄女紫姬，都与紫色有缘，他们围拢在源氏的身边，照亮了他。⁴

  紫色与黄色，则是绝妙的互补色。

---

1 紫之缘：此处双关。除了字面意思，还可指《源氏物语》的别称，也是书中人物"紫姬"（又称"紫之君""紫夫人"）的代称。

2 紫式部：平安时代中期的作家，出身贵族文人世家。本姓藤原，字不详，"紫式部"一名是后人将《源氏物语》中品行最贤德的女性"紫姬"（紫夫人）和藤原当时的官职"式部丞"结合而成。其一生最大的成就是创作了长篇小说《源氏物语》。

3 源氏即光源氏，《源氏物语》主人公。源氏才貌双全，也是位风流公子，处处留情。紫姬为其一生挚爱，花散里为其侧室。

4 桐壶帝系《源氏物语》中出现的第一位天皇，因偏爱宫妃桐壶更衣而被称为"桐壶帝"，与后者生下光源氏。更衣是一个职官的名衔，桐壶之名，则因她所居住的宫院种有泡桐，故称为桐壶（壶即宫院）。泡桐花为紫色。至于藤壶（女御），既是光源氏的继母（桐壶帝召她入的宫），又是他心中"永远的恋人"。藤壶之名同理，即种有藤树的宫院。藤花亦为紫色。

紫草之根，早在万叶之古昔就被作为染材而歌咏；[1]《古今集》中则有"只缘武藏野，一株紫生焉；爱及原上草，所见皆可怜"[2]之句，古人想必已懂得，以紫根染成的布帛和纱线包裹纸册，纸张也会沾染上颜色吧。

　　当时的人们，以紫为最高贵的理想之色，物语中也常将紫色作为衣裳和家中物件的颜色。而像《源氏物语》这样，将紫色深刻地与人物的性格和命运勾连，以致作为全书的骨骼来充分展现这一色彩造型能力的作品，放眼全世界，也可谓稀世罕有，无出其右。

　　紫式部无疑对色彩，尤其是紫色中蕴藏的神秘力量稔熟于心。不仅如此，她还把这份魅力镌刻于笔下人物的心灵状态，织成了一部长篇巨著，委实是一位天才。

　　将紫根熬煮成染液，再将浸染过紫根液的布帛或纱线以

---

1 《万叶集》是日本最早的诗歌总集，收录自四世纪至八世纪中叶的长短和歌。其中提到紫根染的句子有"紫は椿灰さすものぞ"（意为"紫染需要用山茶的木灰"）。
2 原文为"紫のひともと故に武藏野の／草はみながらあはれとぞ見る"。《古今集》即《古今和歌集》，是日本最早由天皇敕命编选的和歌集，于公元914年左右编成，收集自《万叶集》成书之后到平安时代初期一百三十余年以来的作品。

山茶的灰水媒染，便能得到极美的紫色。此时将液体加热至六十度以上，那绚丽的紫便会立刻带上阴影，转为闷钝的灰色，这种色彩被称为"灭紫"。

从"幻"到"云隐"一帖，紫姬与源氏相继消隐于灭紫的世界。[1] 灭紫是钝色，亦是丧亡之色。紫草作为植物的命运，竟与故事的发展和落幕贴合得如此紧密，不得不感佩紫式部的天赋异禀。

---

1 "幻"与"云隐"分别为《源氏物语》第40和第41帖。紫姬在第39帖"御法"中病逝，"幻"一帖描写了源氏痛失紫夫人的悲痛和对她的思念。"云隐"一帖只有标题，无正文，暗示了源氏之死。志村福美曾在另一本著作《一色一生》（中文版，上海人民出版社，2021）中提到，源氏以灭紫之色为丧服的颜色。

灭紫

祇园之色

　　雨雾漫漫的京都站头，十位舞伎[1]少女并排一线，正在送客。绀绯和服雨衣缀着墨黑的天鹅绒衣襟，脚蹬红色绊带的木屐，手握斑斓的唐伞，裸露着的后颈下，垂带微微膨起，发饰随风灵动，场面蔚为壮观。宛然美的结晶在移动。

　　娇小的身体已达到了装饰的极致。盘起的发髻上插着玉簪和花栉，大红色的绉绸衬领绣着金丝银线，绚烂的垂带裹着纤细的身体，缀满宝石的带扣堪比装饰艺术。舞伎们提起下摆踩着碎步，垂落的长袖如天女的披肩，随风摇曳。转身、折腰、仰面笑——每个角度都被完美地修饰。

　　少女们在十四五岁的年纪成为舞伎，盘起割偲，到十八岁改为福鬓，而正式转为艺伎前一个月的发型，则叫作先笄。[2]仿若天女散花，不是吗？一生的繁花都毫无保留地缀在了上面。

　　祇园的一位知名舞者拥有数件我的和服，她在它们身上

---

1 舞伎：日本艺伎在见习阶段时名称，和艺伎一样属于表演艺术的女性工作者，主要为在宴席上以日本舞、乐曲、乐器等表演助兴。
2 割偲（日语为"割れしのぶ"）、福鬓、先笄均为舞伎所盘发型名称，区别主要在于发饰（花簪、垂帘等）的不同。

注入的心思，每每触动我。她的表演，每个举手投足都入情而传神，舞台上凝聚的这份情思，又完美地传递给身上的和服。从穿戴方式、装饰搭配，到下摆内衬的颜色，无一处不悦目。譬如对于名为"白雨"——素白底子上饰有细密条纹——的和服，她选的下摆内衬是近黑的茄子绀；而在蓝染的絣纹和服下，配的则是藤紫的内衬，雅人深致，妙不可言。

　　井上八千代[1]女士被认为对舞蹈服装拥有过人的色感。舞技纯熟的她，配色也异常大胆，不理会世俗之见，又总能驾驭一般人用不好的极致色彩。这正是以艺道为命业的人才有的功力。

1　井上八千代（1905—2004）：京舞井上流家元第四代。

三段围裙

　　某年夏天在北野神社的集市上，一块蓝染的麻质絣纹面料让我看得入迷，刚攫布于手，发现一位大原的女商贩也执着布料的另一端。"我要拿来做围裙。"她紧揣着不肯放手。我本是想拿来做和服的，却又听她说要跟三个人分，便退出了。

　　大原女商贩的围裙很特别，系带处缠着华丽的薄纱，前摆分成三段。据说平德子[1]的侍女在大原的田野摘草时的这一扮相十分优雅，被当地的妇女争相模仿，便成了风俗。

　　三段围裙的造型优雅而紧致，又能巧妙地掩藏不得体之处，对于伏案于织机的人，再适合不过，我也做过几条。絣、型染、素面皆宜。我将它们组合，以日常穿和待客用区分，或按季节，或根据和服来配。

---

1 平德子（1155—1214）：日本武家政权的鼻祖平清盛的次女，第80代天皇高仓天皇的中宫（皇后）。她是安德天皇的生母。后来被称为建礼门院，一般也多称她为建礼门院德子。

和 服 与 腰 带

　　前不久，我在店里看到一套和服，从里衣、衬领、腰带、带缔[1]，搭配齐全，色彩和工艺透出大正时代的浪漫风，浓郁纯熟而让人倦怠。一瞬间，恍惚以为那是换装娃娃的衣裳。但许是这样的套装，对年轻人很有吸引力吧。

　　寻找自己心仪的配件，以自己的审美组合出新，这份乐趣，年轻人未必懂得。他们已经习惯了搭配好的套装，可以直接照搬到自己身上。时代变迁，这或许也是情有可原，毕竟和服对于当今的日本女性，已沦为一年穿一次，甚至几年才穿一次的服装了，不免怠慢。而对我这样整年以和服示人的，其意义则远非如此。

　　说来，和服与腰带的组合，和需要每天照面的夫妇很像，或如一对亲密无间的异性朋友。为心仪的和服缠上精心挑选的腰带，带扬[2]和带缔间的对话，亦别有妙趣。和服对腰带袒露一份若即若离、欲说还休的矜持，腰带则展现出唯有和服能读懂的表情。

　　腰带自如地变幻表情，常常让我处于新鲜的惊愕中。心

---

1 带缔：固定和服腰带的绑绳，类似于绦带，亦有装饰作用。
2 带扬：和服腰带里衬，多藏于腰带中只露出一条细边，以边缘的隐约色彩表达魅力。

120

仪的腰带即便戴了几十年，也每每展露新颜。和服亦然，衬领的色彩若带有那一刻的情绪，也会飘出一丝色香。

母亲的遗物中，有一件富本先生所做的石榴带扣。为了搭配它，我用古裂做了一条腰带。我并非为了展示于人，只是为这枚石榴带扣所做。

日本的和服有情，这份情却是由一个个克制的情绪来抒发的。其中，里衣扮演着最重要的幕后角色，从振袖和袖口间不经意露出侧脸。将一份隐秘的艳丽裹在身上，是里衣于我最大的乐趣。

过去，我和小林古径[1]先生的千金通小姐常常来往。她个性率真耿直，毫无半点矫揉作态。她的眼睛清明，澄澈得发蓝。对和服，她也拥有独一无二的品位，可谓十分了解自己。

她喜爱的，是融合了"粹"与高洁气品的素朴设计，独在里衣上透出一丝异色。譬如以浓厚的胭脂色搭配灰色的条纹；或是一身蓝染和服，从袖口隐现出茶白两色的更纱[2]印花，

---

1 小林古径（1883—1957）：日本画家。本名茂。他以澄明的样式诠释古典而成为现代日本画的一种典型。富有浪漫情调的历史风俗画引人注目。

2 更纱：原指在室町时代至江户时代，通过东南亚商船传到日本的一种图案丰富的印花布。后在日本形成了和更纱的工艺并得到发展。

旖旎艳冶；有时候，她会把一块不曾在任何地方见过、想必是古径先生在国外购得的古裂系于腰间，却毫无造作感。她的和服就是以她的眼光织就的，它们自成一体，是无以抑制的情感流露。

　　佳人已作古十年有余。

「紫白段」之裂，熨斗目

「雪灯」之裂，絣

124

小 物 之 美

从发饰的栉、簪、笄，到衬领、带扬、带缔、带扣、足袋、草履，围绕和服的这些小物件，其中的心思，谅必唯有制作它们的手艺人和将它们穿戴于身的女人最能了然。物件越小，情意的密度越大，直逼灵魂。

克莉奥帕特拉在发夹里注入毒液而自绝性命。[1]冲绳的簪，也能在关键时刻作为凶器，刺向对方或自身。

饰于发际的物件作为女人的象征，细思之下让人惊惧。特别是昭和初期以前的发饰，凝聚了时代的韵致，工艺之精妙更撩拨人的想象。在栉、簪、笄上，玻璃、象牙、玳瑁、金银、珊瑚等材质运用得相得益彰，主题亦芜杂多姿，除却最常见的花鸟风月，还能见到南蛮人、瓦斯灯、地球仪等异国的情调，芜菁、蚕豆、锅、鼠、弥次郎兵卫[2]之类庶民的物件也齐齐登场。每一种都是做工精良的逸品，这般热闹，在欧洲的配饰上恐怕不曾见过。

大正时代则是和服衬领的全盛时期，甚至出现过专为衬

---

1 此处指古埃及托勒密王朝末代女王克莉奥帕特拉七世，世称"埃及艳后"或"埃及妖后"。其死因众说纷纭。一般认为克莉奥帕特拉是诱使毒蛇咬伤自己，而毒发身亡；还有一说称克莉奥帕特拉是服用藏在空心束发针中的毒药自杀。
2 弥次郎兵卫：一种靠伸展的双臂来保持平衡的玩偶。

领设计的衣橱。对思慕的女性，也会赠以衬领表心意。至今记忆犹新的一件，以一条灵动的曲线表现在春野上游嬉的黑蛇。那精湛的技艺引人悬想：是否出自一位侠客之手？将它饰于胸前的又会是怎样的人？

带扬与带缔可谓固定腰带的筋节。黑色腰带上一抹鹿子扎染[1]的紫色带扬，中间缀着谣曲本[2]形象的带扣——友人的非凡派头让我印象深刻。

细白棉布的足袋紧贴在脚上，以致脱下来，能在足趾上辨认出针脚的印痕。这些白色的脚步在过道里轻巧点过，最是日本女人的风姿。

洒了水的玄关并排放了三双草履。一双芥黄底配胭脂、紫、灰三色编成的绊带；一双朱漆底缠雀绿混绯红的绊带；另一双则是草席面上挂扎染的紫色绊带——俨然日本画的小品。在外国人眼中，或许能看出抽象画的味道来。形与色的绝妙平衡，是傲然又谦卑的技艺之美。

---

1 鹿子扎染：通过绳、索等将织物细密地捆扎，染成纹样，因其上一个个密集的圈状纹样像小鹿背上的花纹而得名。
2 谣曲本：日本古典歌舞剧"能"的剧本。

和服的未来

日本人为何把和服丢了？在衣食住的传统生活方式里，最先被无情抛弃的就是和服。反之，日本的饮食文化却走向了世界。据说在巴黎，日本料理店竟多达五十家。

和服被渐渐遗忘的原因错杂，无法约之于一。至于我，与其看到和服被改装出新，或怪异地简化以接近洋服，宁愿它保留原貌，哪怕这原貌已不合今人的眼。

话虽如此，若有人把我做的和服套在毛衣外，改以皮带束腰，也未尝不可——看似自相矛盾，却又是一种必然。频致微词，也无以阻挡时流所向。唯独一点，我不愿降低和服的水准。

和服不符合当今时代——这一观点的反面，实则暗示了和服中蕴藏着美的本质。毫无功能与合理性的袖、腰带、端褶[1]，是无用之用。然和服之美，正在这些细故。

譬如袖，仅从袖露、袖栅、袖香、袖时雨、袖别的纷繁表达，就能窥得它对表现男女情思之熨帖和形象。[2]

---

1 端褶：露于和服腰带下方的一段褶子。可用于调节和服的长短和松紧。
2 "袖露"表现被泪沾湿的袖（"露"常譬泪珠）；"袖栅"把止泪的袖比喻为挡水的栏栅；"袖香"即袖上沾染的香气；"袖时雨"表现泪湿衣袖如阵雨；"袖别"形容叠袖共枕的男女分别。

端褶对于年轻人，或许早已耳生，却是和服装扮的筋节所在。穿和服，穿的是那一刻的心思。利落的下摆和紧凑的领口适宜工作，垂落飘逸的下摆和松弛亮丽的衬领，则暗示了一场重要的约会。

同一件和服，在不同的人身上，也会变幻情绪。腰带的位置是及胸还是落于腰际，和环境、职业都有关联。这些看似无用的细节，浓密地包裹着女人的心境，无言地泄露了她的心思。

现在的年轻人，或许是惧于和服的强势，甚至将其视为对手，因而不敢将和服穿在身上了。但我以为，只要日本民族的血脉，本能地感服于和服的魅力和能量，它就不会消失。再过五十年，甚至一百年，和服又会走向何方？我像一位老母，目送着爱子的行路，默默祈福。

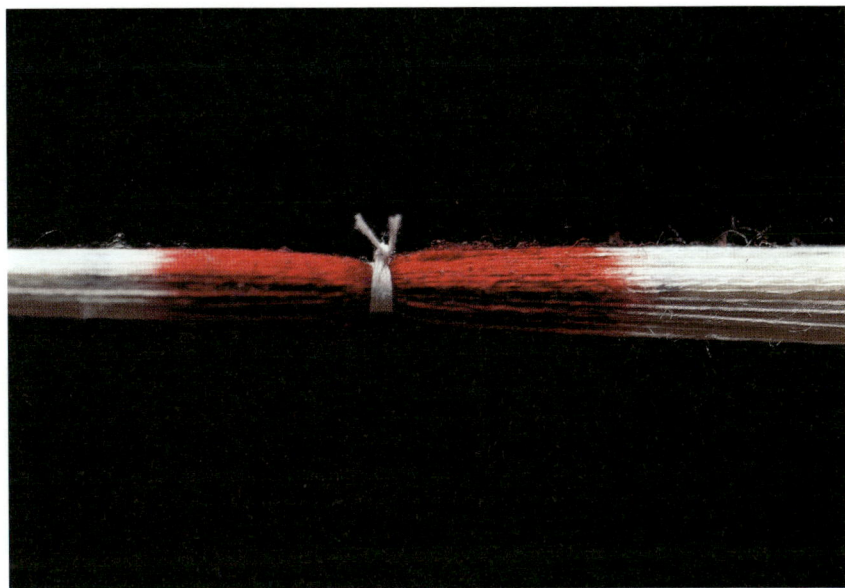

苏芳染的絣线

与苏芳共处的半生

十七岁的新年注定是命运性的，我第一次知道了自己的身世。前一年年末，我跟着来东京接我的生父回到近江的老家，在重病的哥哥枕边，父母向我坦白了所有真相。冬日的阳光从狭长的屋檐折进走廊，透过障子窗浸没枯草色的墙壁，在榻榻米上留下一片暗影。正月的装饰简朴而肃穆。

其时，我和生母以及哥哥、姐姐正在玩一个叫作"伪装"的游戏：对所出的题，各自写一段匿名的描述，最后大家来猜分别是谁写的。

命题出来了：红。我第一次身处那样的场合，又年轻气盛，对此命题生出绝对而强烈的印象。当时我写："真正的红不存于这个世界。"于我，这场与生母迟到的相聚有太强的命运感，一时无法填补十七年来的空白，眼前"红"的命题，也仿佛具有某种象征。后来母亲告诉我，当时她看到我写的这句话，也像是抽到了一张具有暗示意味的王牌。

那时未曾想过，在之后的十多年里，我会踏上染织的道路，亲手浸染那红色。

红色染料中，苏芳需要从印度、马来西亚进口，日本本土并没有这种染材。熬煮苏木的芯材，会四溢出南国的香气和热气，仿佛要迷醉于那红色的精气里。我曾被苏芳的赤红深深吸引，连日沉浸在染色中，工坊背后堆满了煮剩的苏木。将染成正红的丝线挂在院子里晾晒，一天总要跑去观察好几次。母亲也来看，偶尔撞见了，互相打趣："你怎么又来了。"

想来，母亲或许比我更能体会苏芳的魅力。她不满足于我染的红色，在我回东京上学后，又亲自熬煮苏芳，染出了近乎极致的深红。

我用母亲染的红色丝线织了一条腰带。如今拿在手上，那艳冶的红色饱含深情，依然直击女人的"芯"。

从深胭脂色到正红、葡萄茶、伪紫，根据不同的媒染剂，苏芳能变出多方。从圣女到娼妇，苏芳可谓千面，各种女人的形象皆是它的侧脸。我称苏芳为"魔性之红"。

有次我染出的红色过于生涩，虽然保有纯度，却骄慢清虚。我仿佛直面过去那不知深浅的自己，一时难以忍受，企图抹掉它，遂用杨梅的茶色套染。红色于是沉静下来，转为体尝了苦涩的女人之色。不曾屈就于其他配色的赤红，此刻放下了身段，吞进泪水，蜕变为一个谙熟人情物理的女人，能温柔地拥抱各种色彩。

那时我刚过三十，走出一段婚姻，孤立无援，必须自立。平凡而从顺的主妇角色已离我远去，我必须以女人之身潜入自身的内面。为此，我与苏芳之红对峙，将之作为一种活着的证明，沉浸在苏芳里。结果是，我被苏芳变化多端的色彩牵着鼻子走，任其摆布而毫无招架之力。

　　而那又何尝不是我自身的写照。我切身体会到，这世间并没有一种叫作红的色彩，它一刻不停地嬗变，流动不息。"真正的红不存于这个世界"的体悟，由此铭刻于心。

　　十七岁那年，蒙在人生上的那层帐子被揭开，新的曙光带来了正红的预兆——如我所言，那是不属于这个世界的正红。这一体认至今留于心底。一晃四十多年过去，围绕在红周身的热气退散，我也走到了守护飘零落花的年纪，却再一次嗅到了那正红的预兆，这究竟是为何？

苏芳染的绊线

后记
是工作在工作

三十岁出头，我抛下了赖以生存的根柢，把两个年幼的孩子托付给东京的养父母，只身一人回到近江八幡的老家，一力于染织。对纺织、纱线、染色皆一无所知的我，无异于被放逐到了三界无家的境地。如今回想，不免唏嘘，但对于当时的我，一切新鲜如初：一个女人可以独立工作，且从早到晚的时间都是自己的。父母也都健在，何其幸运。我每天带着母亲做的便当，走在开着黄玫瑰的郊外小径上，目的地是一家贫寒的织工坊。虽贫寒，却透着浓浓的人情味。一对亲切的夫妇手把手教会我用织机。记得人生第一件织物是一块在朱红的经纱中引入碎红绢布的裂织[1]。我抱着这块布从工坊一路奔回家，迫不及待要给母亲看。我至今依然觉得那块布很美。褪色般的淡红绢丝上，散落着绿、涩黄、朱红，仿若一

---

1 裂织：将回收来的旧破布扯碎以用作纬纱的织布方法，也可指其成品。

幅抽象画。人生第一件织物，或许就是我染织生涯的原点。

此后的四十多年，我和三四个到七八个不等的年轻人一起，日复一日，几乎一刻不休，织出了一件件和服。每天睁开眼，工作就呈于眼前。不知不觉间，我在织坊里设计，在染坊里染线、缲丝、整经，伏案制织。如今我已年过七十，回首在这每一天的重复里走过的四十余载人生，我突然意识到：是工作在工作。早晨八点半的工坊已机杼声阵阵，染坊的大锅里热气蒸腾。"预备齐！"这一声中，染色开始，纺车运转，扎染绀纹，确定图案——工作一刻不停地发出口令，几无半点喘息的机会。人在工作的影子下生息移动，循环和连续——四十年间，是这种韵律在创造一件件作品。如果只有我一个人，会怎么样？早晨八点至傍晚六点的时间里，我想必无法像纺车那样转个不停。有年轻人的助力，工作才能这样推进。

"这里要怎么办，要不要再染些线？我去把那些草拿来吧。接下来的经纱，设计上……"一件件工作接踵而至。姑娘们将我终于织好的布帛，小心地抱进热水退浆。大家像对待初次洗澡的婴儿，给织物包上毛巾，露出年轻母亲的笑容。拉伸定型、试样，她们都自己来，最后将做好的和服挂上衣桁，战战兢兢地来叫我。

"啊，非常不错。"我不禁由衷地轻叹。大家展露出安心的笑容。完成的作品，是我与女孩们的共同成果。彼此的心若不合拍，便无法成就。我希望促她们成长，她们又在支持着我……的确是工作在工作。人在其中，心手相连，每一秒都全力以赴。哪怕姑娘们做错了也没关系，补足它，去到下一步，除此之外不做他想。其实，行动上并无所谓失败，那不过是必须要过的关卡。若没有那些挫折，我想必依旧是一介平凡的主妇。我面对的不是人，而是自然，我与自然深刻地交往。是手、指尖的触感在与丝线交谈。是自然材料选择了我。曾经，材料也会对我别过脸去，拒不接受，直到某一时刻，它渐渐靠向我。材料的各种表情从织物的底部浮上来，有时矜持地微笑，有时严厉地斥责我。为了让材料能安稳无忧地待在那里，我不敢有一丝怠慢，交付出自己的全身心。

色彩亦然。甚至更抽象，更难以把握。色彩无形，却是超越物的存在。当它浸透于丝线并与之融为一体，于我便是切实可感的色彩。它不是既有，始终在创造。有人曾形容我："你是画笔的制造者啊。"也有人对我说，画笔工具，买现成的就好。可我要的画笔，无处有售。就像这个世界不存在另一个我。那就像是选择从我的身体投胎于世的孩子。虽然是我在创造，但若溯本清源，那源头是天赐之物。

长久以来，我总是用"领受色彩"这一说辞，此刻再看，我却感到"已经够了"，对陈词滥调的自己充满了倦怠。我并非否定了这句话，而是想对自己说："要被这种观点牵制到什么时候？再想得深一点！一味领受，如何向前？"

或许，我已踏上了向着"前方"的征途。这四十多年来，我总是和他人一起共事，未有一天独处。我与年轻人交流，一起摸索、发现，共享喜悦。我们愉快地工作，是一个共同体，哪怕这共同体只有四五人。工作由此诞生，并自顾工作着。工作的实体是一个共同体，绝非我个人——这就是工艺的本质。是众人的智慧、心意所成就的。我终于意识到了这一点。领受色彩、领受材料，并在共同体这一盛器中重获新生。

柳宗悦先生总挂在嘴边的"协团"之真义，我终于有所领悟。

记得柳先生曾不止一次呼吁，"要坚心一志，垒砌理想，缔造工艺的王国"。但一直以来，我并没有这种意识，以为只是和几个人一起，凭爱好在工作。然而能持续至今，甚至还渴望继续下去，若不是一种与大家一同协作的志愿在支撑，又是什么？

我终于对柳先生真正的理想有所体悟。人若要将一生奉于一事，必须有清晰的理念在背后支持。一生尽一事，理念是必要条件。阅读柳先生的《工艺之道》，让我找到了自己的生存之道。从一而终的理念，支撑我走到了今天。

每天我都倾注心力，祈愿向心中的理念更靠近一步，而不要误入歧途。所谓喜爱、兴趣，不过是表达上的稚拙，背后有取之不尽的真理之光，照亮我，给予我力量。若没有这份动力，工作又如何自行运转？我和工作如两个车轮，不，也许是一个环。

"每一个无法化为理想的理念，会扼杀灵魂中的力量；反之，每一个成就理想的理念，孕生出你心中的生命力。"鲁道夫·斯坦纳[1]如是说。我的理念究竟能否化为理想，我并不知

---

1 鲁道夫·斯坦纳（Rudolf Steiner, 1861—1925）：奥地利哲学家、改革家、建筑师和教育家。人智学（anthroposophy）的创始人。斯坦纳认为心灵科学的根本原则是，追求知识并非是为了个人的成长，而是为了人类共同的崇高理想。

道。那是一种寄望，不可用以美化自身的工作。掌舵的方向，一旦失之毫厘，则谬以千里。

现代社会已无理想可言，徒留幻想。——我站在这句谶语的边缘，怀想起斯坦纳。渐渐地，我看出了工作中过剩的虚饰，看到了推进力的衰退。理念和理想皆消隐，我如一个水车，仍靠着性情在运转。原来，不存在没有理念的理想。如果我的信念足以称之为理念，那便是理想本身。因而同样，也不存在没有理想的理念，两者是一体两面。而于我最大的课题无非是，对这一工作，我是否拥有真正称得上理念的东西。

是工作在工作——当我下意识地写出这句话，复又诵读柳先生所言"念佛在念佛"（《法与美》），为自己竟口出狂言而涨红了脸。甚至想要全部抹掉重写。这句话原出自一遍上人[1]的《法语集》。上人彻底奉行净业，始悟"念佛在念佛""名号听名号"的真理。我这样不彻底的人，又怎好意思将其宣之于口。

柳宗悦在书中举益子窑的"山水土瓶"为例。极尽平凡

---

1 一遍上人（1234—1289）：镰仓时代的僧人，日本净土教的宗派"时宗"的开祖。

的民器，陶工迅疾而不假思索地在几千个、几万个土瓶上持续作画，已然忘了自己在画什么，怎么画的。而当他进入这样的状态，便是作画这一行为在画，也即工作本身在工作，人与工作合二为一。

仿佛当头一棒，我为自己竟如此美化自己的工作而惊惧不已。

然而，正是这一棒，我感到自己终于睁开了眼。

寄语

与自然的交感

　　于山野中偶然相逢的一片叶，也能寄托对大自然无尽的怀想。

　　另一方面，现代文明的"场域"纷繁耀目，从中诞生的奇妙的合理性与促狭的共识、个人化的审美，都暴露出人类过剩的私欲。自然以其本相，对我们提出质疑，促我们重新思考。

　　这些年来，我远离人群而踏入自然的次数越来越多。这或许是我的身体在召唤。

　　当我将手中的镜头对准流转不息的大自然，总会对植物染的方式心生憧憬。我所着迷的不是那"染色"的行为本身，而是通过"染"与自然互动所具有的深远意义。以摄影比方，不在于"拍摄"自然，而在于乘着光的小舟而来的自然之色与形，在人的视网膜或胶片上被染出来。

　　于我，在自然中按下的每个快门，都是自然的召唤；或者说是得救的人类的视角；又或者，它更接近于回归自然胎内的感觉。

人类的历史始终建立在自然之内，与自然的交感，是人类不可或缺的养料。

在对自然的敬畏和奇异的邂逅下孕生的色彩，能感受到自然之相与气息的造型——这些皆是流淌于植物染的染织中的美与生命。同时我认为，我们对未来的探索，也应从自然与人类互通的"营生"之节律出发。

"志村福美的造型与美"，让我感受到无与伦比的"人的旅途"。

井上隆雄

图书在版编目(CIP)数据

奏响色彩/(日)志村福美著;(日)井上隆雄摄;
张逸雯译. —上海:上海人民出版社,2021
ISBN 978 - 7 - 208 - 16989 - 0

Ⅰ.①奏… Ⅱ.①志… ②井… ③张… Ⅲ.①散文集
-日本-现代 Ⅳ.①I313.65

中国版本图书馆 CIP 数据核字(2021)第 044071 号

策 划 人 张逸雯｜拙考文化
责任编辑 余梦娇
内文设计 王瞻远
封面设计 鲁明静

奏响色彩
［日］志村福美 著
［日］井上隆雄 摄
张逸雯 译

出　　　版　上海人民出版社
　　　　　　(200001　上海福建中路 193 号)
发　　　行　上海人民出版社发行中心
印　　　刷　上海盛通时代印刷有限公司
开　　　本　850×1168　1/32
印　　　张　5
插　　　页　4
字　　　数　50,000
版　　　次　2021 年 6 月第 1 版
印　　　次　2021 年 6 月第 1 次印刷
ISBN 978 - 7 - 208 - 16989 - 0/J・600
定　　　价　69.00 元